中条省平

世界一簡単なフランス語の本

すぐに読める、読めれば話せる、話せば解る!

JN192951

G
幻冬舎新書

494

世界一簡単なフランス語の本　目次

はじめに　　9

おフランス語を話したしと思えどもフラ語はあまりに遠し？　　9

なぜ大学の語学の授業でフランス語は「ものにならない」のか　　11

本書を読むだけでルーヴルの絵のタイトルは分かる　　13

本書をパラパラめくっているうちに
フランス語が恐くなくなる　　14

第1章 フランス語は、読めれば、できる
——綴りと発音の関係　　17

これが最大の鍵！　なぜ本書はアルファベット一覧表を
あと回しにするのか？　　18

「ル・モンド」の社説だって声に出して読めるようになる！　　20

語尾に出てくる単独の子音とeは発音しない　　22

超簡単！　a、i、oは「ア」「イ」「オ」だが、uは「ユ」　　25

eの発音は意外に難しい　　29

ai、ei、au、eau、eu、oi——フランス語独特の
変な綴りは「エ」「エ」「オ」「オ」「ウ」「ワ」と発音する　　31

フランス語特有の「アン」「オン」という鼻母音　　37

フランス語特有の響きを持つ子音 r、そして s　　40

重なる子音と、careful　　43

h は常にまったく読まない。c は「ス」と「ク」の2通り　　46

「とらばーゆ」の語尾は ail　　48

復習問題 思いだしてみましょう！　　50

応用問題 カミュ『異邦人』、プルースト
『失われた時を求めて』を読んでみよう！　　52

第2章 男性・女性、危険な関係
—— 名詞、冠詞、形容詞、数の表現　55

最も分かりやすい男性名詞・女性名詞「男と女」「父と母」　56

初心者で、そもそも外国人なんだから
名詞の男性・女性は間違えてもいい!?　58

不定冠詞と定冠詞の数は多いが英語よりはるかに論理的　61

「ひとりのパリの女」は「ユヌ・パリズィエヌ」
—— 不定冠詞単数　63

「コムデギャルソン」は「男の子たちみたいに」の意
—— 不定冠詞複数　67

「それらのテーブル」は「レ・タブル」—— 定冠詞　69

量は測れるが数は数えられないもの—— 部分冠詞　71

まとめ：名詞にはかならず8種類の冠詞のどれかが付く　73

「グランプリ」は「グラン・プリ」（大きな賞）
—— 形容詞の男性・女性　74

「ボージョレ・ヌーヴォー」は「新しいボージョレ」
—— たいがいの形容詞は後ろに付く　76

「ヌーヴェルヴァーグ」は「新しい波」—— 形容詞は前にも付く　79

まとめ：もう一度、名詞と冠詞の男性・女性形と単数・複数形　82

「アン・ドゥ・トゥルワ」数えましょうよ！　84

復習問題 すらすら読めるまで、読みなおしを！　85

第3章 セシボン、ケスクセ、コマンタレブー
—— フランス語の文章に触れる　89

いよいよ動詞を使った文章に触れてみましょう！　90

英語でいえば I am、you are、he is、
she is、it is を学びましょう　91

次は複数形。英語でいえば we are、you are、they are　94

とても便利な言葉 c'est(セ)　97

「これは〜です」とその複数形「これらは〜です」　100

音は短いが長い綴りの「ケスクセ(これは何ですか)?」、
そう聞かれたら、こう答える　104

「〜は持つ」はこういう　105

使ってみましょう「〜は…を持つ」　108

「ボンジュール」「コマンタレブー」「サバ」の
フランス語はこうできている!　113

aller(行く)の活用のまとめ　120

復習問題 すらすら読めるだけでなく、意味もいってみましょう!　121

第4章 動詞の90%をマスターする
—— 動詞の活用、否定、命令など　125

フランス語のアルファベットを
カタカナで書けば l も r も「エル」　126

「フランス語動詞の90%」の真実と嘘の意味　129

代表的な使わない活用
「私は死ぬ」「君は死ぬ」「彼は死ぬ」…　131

parler を使って er 動詞の活用を　133

ne と pas で挟めば否定形になる　137

命令するのは意外に簡単!—— er 動詞の場合　139

フランス人にむかって命令することはないかも
しれないけれど、不規則動詞もちょっとだけ　142

復習問題 フランス語にかなり慣れたのでは?
すらすら発音でき、意味も分かったら次の章へ　145

第5章 ジュテームの手ほどき
――人称代名詞について　147

さまざまな aimer（愛してる）のかたち　148

「私は君に1輪のバラをあげる」の「1輪のバラを」が
直接目的、「君に」が間接目的　152

「〜は…を愛する」の組みあわせ　156

話題のLGBTにまつわる会話を
フランス語でするとこうなる!?　159

目的語が名詞のときと代名詞のときでは
動詞にたいする位置が変わる　161

直接目的を人称代名詞にすると　163

間接目的を人称代名詞にすると　165

直接目的なしで間接目的だけがある場合　167

強勢形とは何か？「これが彼です」はこうなる!　168

前置詞のあとでは強勢形を使う　170

復習問題 すらすら読めたら次の章へ　173

第6章 カフェオレとサントワマミー
――前置詞、所有形容詞など　177

フランス語の代表的な前置詞 à（ア）と de（ドゥ）　178

前置詞 à と de が定冠詞と組みあわされると
こんなふうに短くなる　180

英語でいえば by と on ――その他の前置詞①　183

「サン・トワ・マミー」の「サン・トワ」とは sans toi（君なしで）
――その他の前置詞②　186

「ノートルダム」とは、もともとどんな意味だったか
――所有形容詞　187

「サン・トワ・マミー」の m'amie は
現代では使わない古い言葉づかい　190

復習問題 すらすらと口に出していえれば、
次はいよいよ最後の章です　192

第7章 きょうママンが死んだ
──動詞の過去と未来　195

「君は何も見なかった」──過去と複合過去　196

複合過去が分かったところで、
いよいよカミュ『異邦人』を読む！　199

『失われた時を求めて』で代名動詞に初挑戦！　202

複合過去で『失われた時を求めて』をさらに理解する　204

フランス語学習の今後の展望──いろいろな動詞の時制　206

慣れれば意外に簡単な半過去　208

近接未来は超簡単なバラ色の未来！　210

単純未来　213

復習問題 最後の練習問題です。
次はパリでフランス語に触れてみてください　215

イラスト｜山下 航

はじめに

おフランス語を話したしと思えども
フラ語はあまりに遠し？

　フランス語の教師を始めて30年近く経ちました。

　フランス語のほかにも、文芸や映画やマンガやジャズなどの評論をやっているので、じつにさまざまな分野の編集者たちとお会いするのですが、フランス語とフランス文化への憧れを聞くことがあります。

　私の大学の同僚に、有名な小説家の辻邦生と一緒にフランス文学の翻訳をおこなった堀内ゆかりさんがいますが、彼女は、無数に存在する国の名前のなかで、フランスだけに「お」が付くことを取りあげて、日本人がフランス語およびフランス文化に対してもつ独特の見方について論文を書きました。

　たしかに、「おフランス」はあるけれど、「おアメリカ」も「おドイツ」も「おブラジル」もないのですね。「ミーの大好きなおフランスでは……」というのは、『おそ松くん』の登場人物、イヤミのお得意のセリフです。

　また、いまから100年近く前に、詩人の萩原朔太郎

もこう歌っていました。

　　ふらんすへ行きたしと思へども
　　ふらんすはあまりに遠し
　　せめては新しき背広をきて
　　きままなる旅にいでてみん

（詩集『純情小曲集』より「旅上」）

　こんな具合に、フランスという国の文化、そして、それを形づくる肝心の要素であるフランス語という言葉には、どこか日本人の西洋への憧れを凝縮するかのような、ちょっとむずがゆい魅力があるのですね。それがときには「おフランス」というからかいの対象に転化するわけです。

　で、さきほどの編集者との話に戻るのですが、彼ら、彼女たちは本や雑誌の編集者ですから、人一倍言葉が好きな人々です。それで、フランス語はぜひやってみたいとか、大学で第2外国語として学んだこともあるけれども、どうも難しいし、結局ものにならなかった、という人が多いのです。

はじめに　II

なぜ大学の語学の授業で
フランス語は「ものにならない」のか

　この「ものにならなかった」が問題です。

　というのも、日本中に英語をやった人は無数にいるわけですが、「英語がものになった」なんて思っている人はほとんどいないでしょう。ですから、大学で第2外国語として、たかが年に20数回の授業、それをたった2年間やったって、ものになるはずがないのです。

　もうひとつ、フランス語を大学で学ぶことには大きな問題があります。

　それは、1時間半の授業を年に20数回やるだけで、フランス語の文法を全部マスターさせようとすることです。

　しかも、1回の授業でやったことは、次の週には学生が全部頭に入れてくることを前提にして授業は進みます。次の授業でもどんどん新しいことが出てくるのですから、前の授業でやったことはそのたびごとに丸暗記、とはいわないまでも、きちんと理解していないと、そのたびにつっかえて先に進むことが難しくなってしまうのです。

　そういう、学生のまじめな努力を前提としたやり方を積みかさねて、1年でフランス語の文法をひととおり終

えてしまうわけですね。この方式にいささか無理がある
ことは、私たちフランス語の教師も承知しています。

　それでは、もっとゆっくりのペースでやればいいじゃ
ないかと思うかもしれませんが、それができません。な
ぜかというと、日本の大学のカリキュラムでは、1年目
に文法をマスターして、2年目でフランス語のテクスト
を読むのが普通のシステムになっているからです。この
システムのもとでは、1年目の先生がぐずぐずして文法
を全部教えていないと、2年目の先生がフランス語のテ
クストを読む授業で困ってしまうのです。ですから、フ
ランス語教師同士の仁義として、私たちは、文法の基本
を1年できっちりと教えることに心血を注ぎます。

　もちろん、学生がまじめにこの方式につきあってくれ
れば、私たちはフランス語のプロとして、学生にフラン
ス語の文法をきちんと教える自信はあります。

　そもそも、難しいといわれるフランス語だって、フラ
ンス人はみんなできているのです。フランス人のなかに
も、数学が苦手だったり、逆上がりができない人はたく
さんいます。でも、フランス語ができない人はいない。
だから、フランス語はごく普通の人間が習得できる基本
的な能力に属するのです。

本書を読むだけでルーヴルの絵の
タイトルは分かる

　それでは、いくらでも時間をかければフランス語はできるようになるのか、といえば、そういうわけでもありません。ものごとの成就には適度な集中と持続が不可欠なので、ぐずぐず、だらだら、ちょびちょびやっていたのでは、それこそ、ものになりません。

「じゃあ、どうすればいいんですか？」

　とすごみのきいた声をかけてきたのは、幻冬舎の編集者であるＳ儀さんです。Ｓ儀さんはフランス音楽とフランス料理が大好きで、フランスにもよく行くのですが、フランス語に憧れつつ、挫折してきた人です。

　Ｓ儀さんのような有能な編集のプロがフランス語ごときに及び腰になっているのを見て、私はわざと挑発的に尋ねてみました。

「とりあえず、フランス語がものになったと錯覚ができて、フランス語に親しみが湧いて、ルーヴルとかオルセーとか、フランスの美術館に行ったとき、その絵のタイトルの意味が分かるくらいでいいですか？」

「もちろん、それで文句なしですよ。でも、できればフランスのレストランに行ったときにメニューが読めるとうれしいんですが」

「読むことは読めます。ただ、フランス料理のメニューには専門用語が並んでいるので、それは特別に一生懸命勉強してもらわないと」

「じゃあ、一生懸命勉強しなくても、ルーヴルの絵のタイトルくらいはいけると?」

「だって、さっきもいったように、フランス人はどんな人でもフランス語ができるんですから」

「分かりました。じゃあ、それでいいですから、あなたの考えるフランス語のやさしい入門書を書いてください」

　というわけで、私が本書を書くことになってしまいました。

本書をパラパラめくっているうちにフランス語が恐くなくなる

　この本の基本線は、新書1冊を読む程度の適度な集中と持続によって、フランス語の大体が頭に入ることです。もちろん、いろいろと憶えてもらいたいことはありますが、大がかりな暗記を強制するようなことはしません(いや、しないようにしたいと思います)。

　とはいっても、経済や歴史や生物学の基本を理解する場合だって、ある程度いろんなことを憶える必要はあるわけです。ですから、フランス語の規則を理解したうえ

で、それが自然に頭に残っていく（憶えられていく）ように説明するつもりですが、忘れてしまったら、前を読みかえしてみてください。

　これが本のいいところです。授業だといつも先生は前に進もうとするので、学生はゆっくりとうしろをふり返っているひまがありません。分からないときは教師をさえぎって質問すればいいわけですが、一緒に教室にいる仲間の学生の邪魔をしたり、クラスメートからバカだと思われるのがいやで、つい遠慮してしまうことになる。でも、本なら遠慮することはありません。パラパラめくって読みなおしてください。

　そんな散歩と寄り道とあと戻りみたいなことをくり返しているうちに、フランス語の大体が頭に入ったと楽しく錯覚でき、フランス語に親しみが湧いている。フランス語を恐れる気持ちが消えている。本書がめざすのは、そんな気分です。どうか気楽に読んで、おフランスの言葉とお近づきになってください。

第1章 フランス語は、読めれば、できる

—— 綴りと発音の関係

これが最大の鍵！　なぜ本書は
アルファベット一覧表を
あと回しにするのか?

　フランス語の初級文法の教科書を開くと、まずアルファベットの一覧表があります。知らない読み方がずらっと並んで、早くもイヤになってしまうのですが、じつはアルファベットの読み方を知らなくてもフランス語はできます。わざわざ1個1個の文字の読み方を話題にすることはめったにないからです。ですから、本書ではアルファベットはあとに回すことにします。

　これにたいして、たいていの教科書でアルファベットのあとに出てくるフランス語の単語の、綴りと発音の関係はきわめて重要です。まあ、ページにして2〜3ページ。多くても3〜4ページです。

　ここに、フランス語をものにできる最大の鍵があります。

　たかが2〜3ページですから、誰でも暗記できそうな気がします。じっさい、やればできるのです。まじめな学生はちゃんとやって、フランス語の次の段階に飛躍します。

　でも、ひたすら、初めて見るアルファベットの連なりと発音記号の羅列です。それが数ページ。丸暗記は苦痛

以外の何ものでもありません。

　しかも、大学の第２外国語の授業では、この数ページをたいてい１回か２回の授業でパスしてしまいます。綴りがこうなら、読み方はこう、はい、私に続いて（あるいは、フランス人の録音にならって）発音してみてください。そんな調子でどんどん進む。次の授業までに徹底して復習し、暗記してくる学生なら別ですが、たいていの学生は先生の説明を聞いて、「なるほど」と理解して頭に入れたつもりになってしまいます。あまりに簡単な規則の羅列なのですから。

　しかし、次の授業で本当の文法の説明が始まったときには、綴りと発音の関係があやふやにしか頭に残っていない。すると、当然、そこに書いてある単語や文章が声に出して読めない。ここで早くもフランス語に挫折してしまうのです。

　だから、フランス語がものになったという美しい錯覚を得るためには、こここそが、肝心かなめのところなのです。

　フランス語の綴りと発音の関係をきちんと憶えること。これさえできれば、フランス語はものになるといっても過言ではありません。

「ル・モンド」の社説だって
声に出して読めるようになる!

　だって、これがちゃんとマスターできたら、フランスを代表する日刊紙「ル・モンド」の社説だって声に出して読めるようになるのですよ。本当に。だから、ここが決定的に重要なところなのです。

　フランス語の綴りと発音の関係を憶えることができれば（教科書でわずか２〜３ページですよ）、そうすればフランス語の３分の１はものにできたという感じになります。そして、フランス語は難しいという偏見の壁を突破することができるのです。

　ですから、本書では、いきなり第１章から「ル・モンド」を読めること（ただし、意味はまだいっさい分かりません）を目標にして、しつこく説明していくことにします。

　大学の語学の授業でこんなに自由に時間を使ったことはありませんから、この綴りと発音の関係の説明がどれくらい続くか、ちょっと見当がつきませんが、頑張ってやってみましょう。

　というのも、くり返しになりますが、フランス語は、綴りと発音の基本的な関係さえ憶えれば、誰でも声に出して読める言葉だからです。

英語を考えてみてください。英語の綴りと発音の関係なんてほとんどデタラメですよね（失礼！）。でも、one が「ワン」で、Wednesday が「ウェンズデイ」ですから。いくら習っても、見たことのない単語の発音の仕方は正確には分かりません。

例えば、有名な話ですが、英語の ough という綴りには 8 種類だか 10 種類だかの発音があるらしいです。「オー」に「オフ」に「アフ」に「アウ」に「オウ」に「オーフ」に「ウー」に「ア」に……いい加減にしろ。

ほかにも例えば、John McLaughlin という有名なジャズ・ギタリストは、最初「ジョン・マクローリン」だったのですが、それが「ジョン・マクラグリン」になり、いやいや正しいのは「ジョン・マクラフリン」なのだといわれもしましたが、どれが正しいのか？　いまだに分かりません。

アリゾナの州都 Tucson が「タクソン」じゃなく「トゥーソン」で、イギリスのソースで有名な町 Worcester が「ウォーセスター」じゃなくて「ウスター」だって。

まあ、これらは極端な例であるにしても、英語の綴りと発音の関係がかなりいい加減であることは否定できないでしょう。

これに対して、フランス語の綴りと発音の関係は、教科書数ページの規則をちゃんと憶えれば、「ル・モンド」

だろうと、プルーストの『失われた時を求めて』だろうと、声に出して読むことができます。これがフランス語の素晴らしいところなのです。ですから、まず、ここをクリアしましょう。フランス語ができるようになったと美しい錯覚に酔うことができます。

いや、錯覚ではありません。フランス語の歌曲とかシャンソンとかフレンチポップスが好きな人はすごいですよ。歌詞カードを見て読めるようになるばかりか、カラオケで歌えるようになります。これだけでも、もう本書780円（税別）のもとを取ったといってもいいでしょう。

じゃあ、そろそろ始めましょう。

語尾に出てくる単独の子音とeは
発音しない

まずは Paris 。

誰でも知ってる単語ですよね。フランスの首都、花の都パリです。

でもこの発音ちょっと変じゃありませんか。だって、アメリカ人だったら「パリス」と発音します。でも日本人は「パリ」。どちらが正しいか？　日本人の勝ち。フランス人も「パリ」と発音するのです。

ここに、フランス語の綴りと発音の関係のいちばん大事な原則のひとつが表れています。Paris の s のように、**語尾に単独で出てきた子音は発音しない**のです。

つまり、画家のモネ Monet の t も、踊りのバレエ ballet の t も、牛肉のヒレ filet（ちょっと日本語の発音はなまってますが）の t も、お菓子のモンブラン mont-blanc の c も、「長い」の意味の 形容詞「ロン」 long の g も発音しません。

すごい例では、フランス語で最もよく使われる言葉のひとつ、est があります。これは、英語の be 動詞の活用形の is に当たる言葉なのですが、語尾の s も t も発音せず、たんに「エ」となります。

発音しないのになぜ書いているのかといえば、言葉のなりたちのうえからそれぞれ説明はつくのですが、本書では語源の探索にまで入りこむわけにはいきません。

要するに、フランス語の読み方の規則として、語尾の単独の子音は読まない。これがまず重要なポイントです。これだけでも、フランス語の綴りと発音の奇妙な関係について、ああ、そうだったのか、と腑に落ちた方もたくさんいるのではないでしょうか。

語尾の話のついでに、**母音のなかでも e が語尾に来たら発音しません**。例えば、France はフランス。「フ

ランセ」とはならないんですね。哲学者の Sartre もサルトル。「サルトレ」ではありません。既婚女性を表す Madame も「マダメ」でなく「マダム」です。

　フランス語には、e で終わる1音節の単語で、よく使う重要なものがたくさんあります。それらもすべて語尾の e は読みません。

　例を挙げると、ジュ je（「私は」の意）。

　また、トゥ te（「君を」の意）。この te の発音は母音を含まないので、「ト」ではなく、軽い「トゥ」になります。

　ただし、字面では「トゥ」と2文字で、「ト」よりも長い感じがしますが、「トゥ」は子音の t の1字だけで、「ト」は to という母音の「オ」を含んだ2文字です。ですから、この軽い子音だけの「トゥ」を、バレエの「トウシューズ」の場合のように、「ト・ウ」と2音に発音しないでくださいね。

　さらに、ム me（「私を」の意）。

　ル le（英語の the に当たる定冠詞、「その」の意）。

　ス ce（英語の it に当たる代名詞、「それ」の意）。

　ヌ ne（英語の not に当たる副詞、「〜ない」の意）。

　ドゥ de（英語の of に当たる前置詞、「〜の」の意）。この de も、いま出てきた te と同じで、母音を含まない音なので、「ド」ではなく、軽い「ドゥ」と発音され

ます。

　……こんな具合に、語尾が発音しないeで終わる単語
は無数にあるのです。

超簡単!　a、i、oは
「ア」「イ」「オ」だが、uは「ユ」

　さきほど、読まない子音について、語尾に「単独で」
出てきたものは発音しない、と説明しました。じゃあ、
子音のあとに母音が付いているとどうなるかといえば、
当然発音することになります。

　いちばん初めに出てきた Paris の a も i もごく普通
に「ア」「イ」と発音します。だから、続けていうと「パ
リ」になるわけです。

　このように、**フランス語の母音の読み方の基本は、ロ
ーマ字読み**です。a は「ア」、i は「イ」、o は「オ」。
なんというやさしさ。

　またまた引きあいに出して恐縮ですが、これが英語だ
ったら、すべての母音に２つの読み方があって、いちい
ちどちらか単語ごとに憶えなくてはならないのですよ。

　つまり、a は「ア」と「エイ」、i は「イ」と「アイ」、
u は「ウ」と「ユー」、e は「エ」と「イー」、o は「オ」
と「オウ」。しかも、この２つずつは基本で、ほかに例

外がごちゃまんと出てくる。だって、one が「ワン」ですから。おまけに ough は……。

　それに比べたら、フランス語はほんとにすっきりしています。

　ただし、u は「ユ」です。**絶対に「ウ」にはなりません**から、注意してください。しかも、この原則はけっしてゆらぎませんから、単独で出てきた u は「ユ」とだけ憶えればいいのです。

　「単独で」と断ったのは、u とほかの母音が重なった綴りのときに、発音の例外があるからです。しかし、この例外はよく出てくるものなので、いまやってしまいましょう。

　それは、**ou** という綴りになった場合です。これは**2文字ありますが、発音はたった1つの音で、「ウ」と**なります。絶対に「オウ」でも「アウ」でもありません。日本語の1つの文字と同じ「ウ」です。

　例を出しましょう。まずは u 単独の場合。

　楽器のフルート flûte のフランス語の発音は、「フリュトゥ」。語尾の e を読まないという大原則は、さっき説明しましたよね。こうして母音が消えてしまうので、母音を含まない軽い「トゥ」の音になるわけです。

第1章 フランス語は、読めれば、できる　27

　uの上に変な記号がついていますが、発音上は無視してけっこうです。つまり、uの発音とûの発音はまったく同じです。このアルファベットの上に付く記号を、フランス語ではアクサン（アクセント記号）と呼んでいます。

　ほかにも、母音にアクサンが付くものは、àâとか、éèêとか、ôなんていうのが出てきますが、ûと同じで、発音は「ア」「エ」「オ」「ユ」と、まったく変わりません。気にしないで、こういうバリエーションもあるのね、と軽く考えてください。

　さて、oとuが重なってouという綴りになり、「ウ」という1音で発音される場合です。

　シュークリームというお菓子がありますね。あの「シュー」の部分はフランス語なのです。「キャベツ」という意味です。お菓子の形がキャベツに似ているからですね。chouと書きます。ただし、「シュー」はフランス語ですが、「クリーム」は英語。「シュークリーム」というのは、なぜかフランス語と英語が混じりあった和製外来語なんですね。

　ここでまた新しい発音の要素が出てきました。chです。**chは2文字で子音1つの扱いで、かならず「シュ」という発音になります**。けっして「チュ」にはならず、

シャ、シュ、ショの「シュ」なので憶えておいてください。フランス語で歌を「シャンソン」といいますが、これも chanson。「チャンソン」ではないのです。

というわけで、chou は「シュ」となります。日本語では「シュー」クリームといいますが、フランス語では「シュ」。

u と ou の違いは分かりましたか?

したがって、フランスの有名な料理人で、レストランの名前にもなっているロブションという人がいますが、この名前の綴りは Robuchon。ですから、日本語の「ロブション」は間違いで、正しい発音は「ロビュション」なのです。

日本語になったフランス語の発音の間違いはけっこうありますので、探してみるのも面白いかもしれません。

ところで、フランス語の響きを作る重要な特徴として、伸ばす音が少ないことが挙げられます。

英語の発音には、音楽用語でいうスラーがかかった感じがありますが、フランス語の発音は短い音を連ねるスタッカートのような印象をあたえます。そこがフランス語の音の響きの独特の魅力にもなっているのですね。英語的に1音1音を伸ばさないようにしてください。単独の母音は音を伸ばさず、「ア」「イ」「オ」「ユ」。「オー」

とか「ユー」はダメですよ。

eの発音は意外に難しい

さて、a、i、o、uという4つの母音が終わりました
から、残りはeの発音。これが単独の母音の最後の関
門です。

eはやはりローマ字読みで「エ」と読むのが基本です。

例えば merci（ありがとう）は「メルスィ」。母音は
基本的に伸ばさないので、日本語でよくいう「メルシー」
ではありません。また、ci「スィ」は「シ」ではありま
せん。英語でいえば、see[siː] と she[ʃiː] の違いですね。
もちろん、ci の発音は、see の s の音に i が付いたもの
です。

それから、さっきアクサン（アクセント記号）が付く
é è ê も「エ」だといいました。e にアクサンが付いたら、
それらの é è ê はすべて、例外なく「エ」と発音してく
ださい。

しかし、さきほど、フランス France や サルトル
Sartre やマダム Madame の場合、語尾にある e はけっ
して「エ」にはならない、発音しない、と説明しました。
音が消えてしまうのです。

その**語尾のeと同じように、音節の切れ目にあるe
は読まない**のです。

　音節というのは、母音、もしくは子音プラス母音の音
の単位のことです。つまり、母音の数だけ音節が存在す
ることになります。

　Paris なら Pa + ris で2音節。chanson も chan +
son で2音節。

　じゃあ、Lelouch はどう読むか？
『男と女』で有名な映画監督、クロード・ルルーシュの
姓ですね。

　さきほど ou の発音は母音1文字扱いで「ウ」だとい
いました。だから、Lelouch は、e と ou という2つの
母音が音節を作って、Le + louch という2音節になり
ます。

　この Le の e が最初の音節の切れ目に来ていますね。
こういうとき、e は語尾にあるときと同じく、軽い「ウ」
になって消えてしまいます。だから、「レルシュ」でな
くて、「ルルシュ」となるのです。ただし、慣用のカタ
カナ書きでは「ルルーシュ」とされていますが。

　この規則は、母音の発音に関して、いちばん分かりに
くいものかもしれません。ですから、今後、出てくる機

会があるたびに注意することにしますね。

単独の母音の発音はこれで終わりです。

ai、ei、au、eau、eu、oi
──フランス語独特の変な綴りは
「エ」「エ」「オ」「オ」「ウ」「ワ」と発音する

さて、さっきやった ou「ウ」のように、母音が2つか3つくっついて1つの発音になるものがいくつかあるので、まとめてやってしまいましょう。

ai、ei、au、eau、eu、oiの6つです。

これらがフランス語独特の、あの変な綴りの感じを出すのに大きく貢献しているものたちです。

ai と ei は「エ」。au と eau は「オ」。eu は「ウ」。oi は「ワ」です。たったそれだけのことで、例外もないので、憶えてしまえばそれで終わりです。

ただし、いずれも伸ばす音にならないことに注意してください。eau なんて3つも字があるのに、音はただ1つ、「オ」。ともかく、アイとか、エイとか、アウとか、エウといったような二重母音はフランス語には存在しません。くれぐれも「エアウ」なんていわないでくださいね。

これらの実例を見てみましょう。

まずは、カフェ・オ・レ café au lait 。au と ai、いきなり2つ出てきました。さっきやったように、アクサンが付いた é は「エ」でしたね。それに au「オ」と lai「レ」。最後の単独の子音 t は読みません。それで「カフェ・オ・レ」となるわけです。

「レ」という単語は「牛乳」のことで、「オ・レ」で「牛乳の入った」という意味になります。「カフェ」は「喫茶店」と「コーヒー」の両方の意味を持ちますが、ここはもちろん後者の意味。「カフェ」という言葉が「喫茶店」を指すのは、もともと「コーヒーを飲むところ」の意味から来ています。

次は、ai の例を見てみます。フランスを代表する詩人のボードレール。綴りは、Baudelaire です。Bau は、カフェ・オ・レの「オ」と同じ au なので、「ボ」。

母音を含む音節は、Bau + de + lai + re という4つです。最後の e を読まないのはもう問題ありませんね。一方、2つ目の音節の de は音節の切れ目に e が来ているので、さっき説明した規則に従って、「デ」ではなく、「エ」の音が消えて、「ドゥ」となります。

この de を dau と比較してみますね。

dau の発音が、母音の au「オ」を含む「ド」という
音になるのに対して、de は母音が消えるので軽い「ド
ゥ」となるわけです。

そして、lai が「レ」で、語尾の e は読まないので re
は「ル」。

あわせて、「ボドゥレル」。ただし、最後の「レル」は
音の連なりの関係で、「レール」と少し伸びて聞こえます。
でも、「ボドゥレール」であって、「ボードレール」では
ありません。

そして、ei 。ei という綴りは、ai とまったく同じ発
音の「エ」で、例えば、セーヌ川の Seine に使われて
います。しつこいようですが、語尾の e は母音が消え
るので、「ネ」ではなくて「ヌ」。ei は1つの音で伸び
ないので、日本語の「セーヌ」ではなくて、「セヌ」が
正しい発音です。

3つも文字がある **eau** は、au と同じ「オ」という**発
音**です。メルスィ・ボク merci beaucoup（どうもあり
がとう）というときの beau「ボ」の部分に使われてい
ます。ボク beaucoup は「たくさん、とても」という
意味です。さきほど merci（ありがとう）は「メルスィ」
であって、「メルシー」じゃないといいましたが、「ボク」

も伸ばしません。よく「メルシー・ボークー」などという音表記を見かけますが、間違いです。

それから、eau は 1 個の単語として「水」の意味にもなります。オーデコロンとかオードトワレという言葉があって、純粋な香水よりも日常的に使える薄めの香水のことをいいますよね。あれらはもともとフランス語で、eau de Cologne、eau de toilette と綴ります。発音は「オ・ドゥ・コロニュ」「オ・ドゥ・トゥワレトゥ」というのがより正確なものですが、日本語はこれがなまったものです。「オ」は「水」が元の意味ですが、この場合は「化粧水」のことを表しています。

eau は、château（城）とか、gâteau（お菓子、とくにケーキ）という単語にも出てきますが、これも日本語でよく使われる「シャトー」や「ガトー」ではなくて、「シャト」「ガト」です。また、2 つとも a の上にアクサンが付いて â になっていますが、さきほどもいったように、発音は変わりません。ただの「ア」です。

続いて、eu。読み方は、1 音で「ウ」。

例えば、フランス語で「青、ブルー」を意味する単語の bleu に使われています。ただし、フランス語の発音は「ブルー」ではなく、「ブル」です。自分ながらほんとにしつこいと思いますが。

第1章 フランス語は、読めれば、できる　35

　牛肉と野菜の煮込み料理、ポトフ pot-au-feu にも eu
が使われていますね。「pot（深鍋）を feu（火）にかけ
たもの」というのが語源です。

　そうそう、フランス語では「ヨーロッパ」が Europe
となって「ウロプ」と発音されます。通貨単位の euro
も「ウロ」です。「ユロップ」とか「ユーロ」とか絶対
にならないので、気をつけてください。

　さて、ようやく、母音を2つ、3つ重ねて1つの音に
する最後のケース、oi まで来ました。oi は特殊で、母
音の発音ではなく、子音プラス母音の wa「ワ」という
音になります。

　すでにこの発音は本書でちらりと出てきました。日本
語で「オードトワレ」というフランス語の元の綴りは
eau de toilette ですが、その toilette のなかに入ってい
ました。英語読みすると「トイレット」ですが、語源は
このフランス語の toilette で、発音はさっき触れたよう
に「トゥワレトゥ」。意味は「身だしなみ」のことです。
トイレを化粧室というのは、むしろその語源に近いんで
すね。

　oi という綴りのもうひとつの例としては、ブルジョ
ワ bourgeois を挙げておきましょう。日本でもおなじ
みの「金持ち」という意味で使われるフランス語です。

語源の bourg は（発音は「ブール」とちょっと伸びる
のですが）「町」の意味で、したがってブルジョワという
言葉は、「町の人」「市民」「（貴族に対する）平民」と
いう意味で使われました。フランス革命など、市民革命
というときの「市民」は「ブルジョワ」を使うんですね。
でも、その後、たんに「裕福な階級に属する人」を指す
ようになり、さらには、ケチな根性を持つ「小市民」の
意味でも使われるようになりました。

　豆知識で脱線してしまいましたが、bourgeois の発音
でしたね。これは、母音が２つあって、前半の bour（こ
の「ブル」という発音はもう分かりますね）と、後半の
geois に分かれます。で、最初にいったように、後半の
oi は「ワ」と読みます。語尾の単独の子音 s は発音し
ません。ここまではいいですよね。

　じゃあ、なぜ ge という形が使われているかというと、
bourgois だと「ブルゴワ」という発音になってしまう
からです。

　g という文字は、母音と結びつくとき、**ga gu go** だ
と「ガ」「ギュ」「ゴ」というふうに、g（グ）の系統の
音になります。

　しかし、**ge と gi** という場合、**前者は「ジェ」**（語尾
や音節の切れ目だと「ジュ」）、**後者は「ジ」**というよう
に、j（ジュ）の系統の音になってしまうのです。

つまり、bourgeois の ge は、この g を、「グ」の音ではなく、「ジュ」の系統の音で読みますよ、と示すための便宜的な綴りです。この母音のない「ジュ」の音に oi の「ワ」が続くわけです。ですから、bourgeois は「ブルジュワ」というのが正しい発音です。それが普通「ブルジョワ」と表記されるのは、綴りに出てくる o に引っぱられて、「ジュ」が「ジョ」になってしまったのです。

フランス語特有の「アン」「オン」という鼻母音

さて、これで母音の綴りは終わりです。しかし、子音の特殊な読み方に入る前に、ひとつ済ませておかなければならない綴りと発音の規則があります。それは鼻母音と呼ばれるものに関する規則です。

鼻母音というのは、カナで表記すると、「アン」と「オン」になりますが、フランス語ではこの鼻母音を発音するとき、「ア・ン」「オ・ン」という2音ではなく、口と鼻から同時に息を出して、「アン」「オン」というふうに、1音で発音します。フランス語独特の柔らかい響きを作る要因となっている発音の仕方です。

で、綴りと鼻母音の関係の主なものを挙げます。

まず、an（am）と en（em）。すべて発音は「アン」
で、カッコ内の綴りになったときも、「アム」とか「エム」
とならないので注意してください。ただし、音は日本語
の「アン」より響きが深く、初めて聞いた方は「オン」
に聞こえるかもしれません。

　例としては、アンファン enfant。en と an の両方が
入っていますね。「子供」の意味です。「アンファン・テ
リブル」（恐るべき子供）という言葉を聞いたことがあ
る方もいるかもしれません。ジャン・コクトーの小説『恐
るべき子供たち』というタイトルにも使われたフランス
語です。

　あるいは、レストラン restaurant。

　最初の re がなんで「ル」じゃないのか、と考えた方
はもうフランス語の綴りのシステムが頭に入っている人
ですね。音節の切れ目に来る e は発音しない。そのと
おりです、素晴らしい。しかし、この３つの母音からな
る音節の区切りは、res-tau-rant となるのです。子音が
２つ続くときは、普通、そのあいだが音節の切れ目にな
ります。ですから、最初の音節の e は、音節の切れ目
にないので消えることがなく、「エ」と通常どおりに発
音されます。

　次に、in（im）、un、ain（ein）。これらの発音もす

べて「**アン**」なのですが、先にやった an や en の音（「オン」に近い）に比べると軽くて、日本語の「アン」に近い感じです。「アン」といいながら口と鼻から息を出せば、それで OK です。

　実例としては、グラタン gratin。そのまま料理用語として日本語になっていますね。「グラチン」ではありません。

　あるいは、プランタン printemps。有名なフランスの百貨店の名前にもなっていますが、「春」の意です。em は深い音のほうの「アン」で、語尾の子音 ps は両方とも読みません。

　もうひとつ、パン pain。日本語の「パン」はポルトガル語から来たそうですが、語源は同じで、フランス語でも「パン」は「パン」です。

　また、数字の「1」はフランス語では un と綴られ、「アン」と発音されます。そう、「アン、ドゥ、トロワ（1、2、3）」というバレエの練習のかけ声で知られているあれです。フランス語の綴りだと、un, deux, trois です。deux はすでに知っている規則で「ドゥ」と読めますね。trois は日本式の「トロワ」ではなく、より正確には「トゥルワ」となります。

　これで母音はおしまいです。

うるさいことをいえば、まだ細かい規則はあるのですが、とりあえずこれで十分です。どんなものにも例外はつきものですから、そういうのは、あとで出てくるたびに説明します。ともかく、ここまでやったことを憶えておけば大丈夫。分からなくなったら、読みかえしてください。

フランス語特有の響きを持つ子音r、そしてs

さて、子音の綴りと発音の規則を説明する前に、鼻母音と並んで、フランス語の響きの印象を作りだすのにきわめて大きな力を持っている子音の話をしておきましょう。

それはrです。英語では「アール」ですが、フランス語では「エル」と発音します。カナで書くと、英語のlに似て見えますが、実際の音はまったく違います。フランス語のr（「エル」、発音記号で書くと[εr]）は、「エ」という音のあとに、子音のrを続けるのですが、このrの音がフランス語独特のものなのです。

たとえていえば、うがいのときに喉を震わせて「グルルル」というときのあの震動音。あれを水なしで瞬間的に発するのです。初めて聞いたときには、「ル」という

より、「グ」とか「ウ」とか聞こえるかもしれません。

百聞は一見にしかず。ではなくて、百見は一聞にしかず。ですから、インターネットで「フランス語 r 発音」などと検索エンジンに入力して音の聞こえるサイトを探してもいいし、NHK のテレビやラジオのフランス語講座を聞いてもいいし、好きなシャンソンやフレンチポップスの歌手の CD（歌詞カードで綴りを確かめられる日本盤）に耳を傾けてもいいと思います。ともかく、r の発音をじっさいに聞いて、真似してみてください。

それ以外の子音の発音は、とりあえず英語と同じように発音して大丈夫です。

さて、ここまでに子音はずいぶん出てきましたが、ch の発音と g の発音の変化を除けば、私たちの知っているローマ字読みでだいたい問題ありませんでした。

以下に挙げるのは、フランス語独特の子音の綴りと発音の関係です。

まずは、s。

例を挙げましょう。フランス独特のパンとして有名なクロワッサン croissant。この単語は、音楽のクレッシェンド（段々大きくなる）や、天文学のクレセント（三日月）と同じ語源ですね。三日月は「これから段々大き

くなるもの」というのが語源なのです。クロワッサンに関していえば、私が子供のころはこの形のパンを「三日月パン」と呼んでいました。そのとおり、クロワッサンはフランス語で「三日月」のことです。

　さて、問題は ss と重なっているところです。 **s という子音は、母音に挟まれると「ズ」の音になるのです**。したがって、croisant という綴りだったら、「クルワザン」になってしまいます。これを避けて**「ス」の音にしたいとき、ss と重ねる**のです。ですから、ss と重なっていても、促音（つまる音、「さっと」などというときの小さな「っ」）を表しているわけではありません。この単語の発音をより正しく表記すれば、「クルワサン」ということになります。

　母音に挟まれていなければ、s は「ス」と発音します。さっき出てきたレストラン restaurant の初めの方の s がそうですね。

　一方、s が母音に挟まれて「ズ」の音に濁る例を出しましょう。

　例えば、メゾン maison 。ときどき日本でもアパートやマンションの意味でこの単語が使われますが、これはフランス語ではたんに「家」を意味する言葉です。単独の s が母音に挟まれたので「ズ」と濁り、全体で「メゾン」となっています。

あるいは、「要約、まとめ」を意味するレジュメ résumé もフランス語です。u は「ユ」で、アクサンが付いた é は「エ」です。ただし、濁る s の発音は j ではなくて z になるので、カナで書くと、「ジュ」というより「ズュ」に近い音。ですから「レズュメ」ということになります。

重なる子音と、careful

ss 以外にも、子音が重なる場合はあります。

例えば、パリの庶民的な下町の地区、ベルヴィル Belleville という地名を例にとってみましょう。

先ほど「子音が2つ続くときは、普通、そのあいだが音節の切れ目になる」と restaurant のところで説明しましたね。

その原則が働くので、Belleville に含まれる4つの母音は、Bel-le-vil-le という区切り方で、4つの音節を作ります。

そして、音節の切れ目にない Bel の e は「エ」と発音されるのに対し、le の e は切れ目にあるので音が消えてしまいます。語尾の e も同じように音が消えます。

しかし、これはあくまで綴りの切れ目と母音の発音の話であって、2つ重なる子音をそのまま「ベルルヴィル

ル」とは発音しません。

子音が2つ重なっても発音は1音にするのが原則なのです。

だから、Belleville は「ベルルヴィルル」ではなくて、「ベルヴィル」。

男子の名前の ピエール Pierre の rr も、フィリップ Philippe の pp も、1音扱いです（より正確には「ピエル」「フィリプ」ですが）。ちなみに、ph の綴りは、フランス語にも photo（フォト、写真）という単語がありますが、やはり「フ」と発音します。

次は、gn です。「**グヌ**」ではなく、「**ニュ**」となります。

さっき「オーデコロン」の元のフランス語は eau de Cologne で、正しい発音は「オ・ドゥ・コロニュ」だといいましたが、そこに入っていた gne は「ニュ」と発音するんですね。ちなみに、「オ・ドゥ・コロニュ」は「ケルンの水」の意味で、オーデコロンは最初にドイツのケルンで作られたそうです。

しかし、じつはお酒好きの方ならば、この gn の音はおなじみです。

ブルゴーニュ Bourgogne、シャンパン Champagne、コニャック Cognac。ご覧のとおり、これらのフランス語の原語にはすべて gn が含まれていますね。それぞれ、

ワイン、発泡性ワイン、ブランデーの名産地とその製品を意味する言葉ですが、より正確には、ブルゴニュ、シャンパニュ、コニャクとなります。

ここで、Cognac の語尾にある子音の c はなぜ発音するんだ、とツッコミを入れたあなた、あなたはよくこれまでの説明を憶えていらっしゃいました。賞賛に値します。しかし、さっきもいったとおり、悲しいことに、どんなものにも例外はあるのです。

語尾の c、r、f、l は読むことが多いのです。むかし、「英語の careful で憶えなさい。ケアフル（気をつけて）」と先生にいわれて、いまでも憶えています。ありがたい教えです。

で、例えば、フランス印象派の画家とその息子の映画監督の姓で、日本では喫茶店の名前としてむしろ有名なルノワール Renoir の語尾の r も発音するわけです。音節は Re ＋ noir と２つに分かれて、最初の音節は、切れ目にある e は読まないので、発音は「ル」、n は「ン」ではなく「ヌ」、oi はさっきやったように「ワ」ですから、全体のより正確な発音は、「ルヌワル」となります。

フランスの国民的女性歌手のピアフ Piaf の f もそうですね。

l は文学者で行きましょう。パスカル Pascal、スタンダール Stendhal、クローデル Claudel。語尾の l は

すべて読みます。ただし、伸びる母音はないので、「ス
タンダル」に「クロデル」。

hは常にまったく読まない。
cは「ス」と「ク」の2通り

おお、Stendhal でもうひとつ、重要な子音が出てき
ました。h です。フランス語では h はまったく発音し
ません。とりあえず、完全にないものとして無視してく
ださって大丈夫です。

だから、スカーフで有名なブランド Hermès も、発
音は「エルメス」。

おっと、またまた例外が出てきましたね。ギリシア神
話の知の神様「ヘルメス」から来たこの固有名詞は、フ
ランス語でも語尾の s を発音します。で、「エルメス」
となるわけです。

h に話を戻しますと、さっき登場したカフェ・オ・レ
café au lait が「ミルクコーヒー」なら、フランス語で「ミ
ルクティー」は、テ・オ・レ thé au lait となりますが、
この thé（紅茶）の h はないのと同じ。それで「テ」
という発音になります。英語の定冠詞みたいに「ザ」な
んて絶対になりませんから、ご注意ください。

第 1 章 フランス語は、読めれば、できる　47

　さきほど oi の発音を説明したとき、bourgeois を例に出しました。

　そこで、g をめぐる問題に足をつっこんでしまったのですが、憶えていますか？　忘れていたら、36 ページを見なおしてください。同じ問題が c をめぐっても発生するのです。

　c は、ca cu co のときは、「カ」「キュ」「コ」と k の音になり、ce と ci のときは「セ」（語尾や音節の切れ目のときは「ス」）**と「スィ」という具合に s の音に**なります。ci は「スィ」であって、「シ」ではありません。

　29 ページで言及したように、英語でいえば、see と she の違いですね。ci は、see の s の音に i がついた「スィ」という発音になります。

　じゃあ、c を使って「サ」「（シュではなく）スュ」「ソ」の系統の音にしたいときには？

　荒わざとして、c にヒゲをつけた ç という字を使います。

　例としては、François フランソワ（男子の名前）を挙げておきましょう。これが女子の名前になると、語尾に e がついて Françoise。語尾の s が母音に挟まれるので、「フランソワーズ」となります。

　この ç はかならず「ス」と読む決まりなのです。フランソワを Francois と綴って「フランコワ」と読むこ

とを避けるために、この ç を使うのです。なんか無理やりな感じですが。より正確な発音のカナ表記は、「フランスワ」（女子ならば「フランスワズ」）となります。さすがにしつこいですか？

　さあ、最後に近づいてきました。qu の登場です。

　英語とまったく同じ綴りの question というフランス語の単語があって、意味も「質問」ですが、「クウェスチョン」とはなりません。**フランス語の qu は k とまったく同じ発音**なのです。ですから、フランス語でquestion は「ケスティオン」となります。

　また、英語の quality（クオリティ、品質）に当たるフランス語は qualité ですが、この発音もたんに「カリテ」となります。

「とらばーゆ」の語尾はail

　さて、ついに本当の最後です。

　l の音が「ユ」になる場合にも触れておきましょう。

　日本では、転職や求人の情報を載せる雑誌の名前が「とらばーゆ」だったことから、「転職する」ことを「とらばーゆする」などといいますよね。この「とらばーゆ」はフランス語では、ごく普通に「労働、仕事」を意味す

る単語なのです。

綴りは、travail。

このように、**ail を「アユ」と読む**ことが多く、宮殿で有名な地名のヴェルサイユ Versailles や、エロティシズムの哲学で有名な文学者のバタイユ Bataille などの発音は日本人にもおなじみです。

ですから、これらの ail を含む言葉の発音は、「トゥラヴァユ」「ヴェルサユ」「バタユ」ということになります（後の２者については、より正確には「ヴェルサーユ」「バターユ」という感じなのですが、無視してかまいません）。

日本語のカナ表記でときどき「イ」の音がつけ加わるのは、綴りに i という字が出ている影響とともに、もともと「ユ」の音に「イ」の音が軽く含まれている感じがするからです。

Versailles の発音では、子音（この場合は l）が２つ重なっても音は１つだけという規則と、語尾の単独の子音、また語尾の e は読まないという規則を思いだしてください。したがって、**語尾の es もけっして読まない**ということになります。

日本に来て、『表徴の帝国』という日本論を書いた高名な文学者ロラン・バルトの姓は Barthes と綴りますが、以上の規則に従って、語尾の hes はまったく読まず、

「バルトゥ」と発音します。

　さて、これであなたもフランス語が読めるようになりました。

　まあ、細かいことをいえば、まだ特殊なケースや例外がないわけではありませんが、とりあえず、フランス語が読めるようになったといっていいでしょう。

復習問題

思いだしてみましょう！

　それでは復習です。

　いままで出てきた言葉を順にずらずら並べますから、どんどん読んでいってください。

　よどみなく読めれば、それで OK ですが、発音するのに、ひっかかったり、忘れてしまったところがあったら、この第 1 章をもう一度読みなおしてください。

　そうして、すべての単語がすらすら発音できるようになるまで練習してください。

　さあ、やってみましょう。

Paris　Monet　ballet　filet
mont-blanc　long　est
（22〜23 ページ）

第1章 フランス語は、読めれば、できる　51

France　Sartre　Madame
（23〜24ページ）
je　te　me　le　ce　ne　de

flûte　chou　chanson　Robuchon　（26〜28ページ）

merci　Lelouch　（29〜30ページ）

café au lait　Baudelaire　（32ページ）

Seine　merci beaucoup　（33ページ）

château　gâteau　（34ページ）

bleu　pot-au-feu　Europe　euro　（34〜35ページ）

eau de toilette　（35ページ）

bourgeois　bourg　（35〜36ページ）

enfant　restaurant　（38ページ）

gratin　printemps　pain　un, deux, trois　（39ページ）

croissant　maison　résumé　（41〜43ページ）

Belleville　Pierre　Philippe　（43〜44ページ）

eau de Cologne　（44ページ）

Bourgogne　Champagne　Cognac　（44ページ）

Renoir　Piaf　Pascal　Stendhal　Claudel　（45ページ）

Hermès　thé au lait　（46ページ）

François　Françoise　（47ページ）

question　qualité　（48ページ）

travail　Versailles　Bataille　Barthes　（49ページ）

以上の単語がすべて、ほとんど自動的にすらすらと発

音できるようになるまで頑張ってください。これが外国語を肉体化するということです。そうなったら、本当にあなたはフランス語を読めるようになったのです。おめでとうございます。心からの祝福を捧げます。

応用問題
カミュ『異邦人』、プルースト『失われた時を求めて』を読んでみよう!

　それでは、第1章の締めくくりとして、応用問題を出しましょう。

　次に出ている文章は、ここまで学んだ規則を使えば、ほぼ正確に読める文章です。単語のなかにある記号、'（アポストロフィ）や‐（ハイフン）は存在しないものとして無視してかまいません。

　まずはこれ。

Aujourd'hui, Maman est morte.
Ou peut-être hier, je ne sais pas.

正解は、
オジュルデュイ、ママン・エ・モルトゥ。
ウ・プテトゥル・イエル、ジュ・ヌ・セ・パ。

意味は、「きょう、ママンが死んだ。もしかすると、昨日かも知れないが、私にはわからない」（窪田啓作訳、新潮文庫）。

小説家カミュが書いた『異邦人』の冒頭です。カミュの綴りも Camus ですが、原則どおり語尾の s は発音しません。

次はこれです。

Longtemps, je me suis couché de bonne heure.

正解は、

ロンタン、ジュ・ム・スュイ・クシェ・ドゥ・ボヌ・ウル。

最後の2つの単語はくっついて「ボヌル」となるのですが、それは現時点では気にしないでけっこうです。フランス語の発音に慣れていくうちに、自然にくっついていくことになると思ってください。

意味は、「長い間、私はまだ早い時間から床に就いた」（高遠弘美訳、光文社古典新訳文庫）。

20世紀最高最大の小説といわれ、難解なことで知られるプルーストの『失われた時を求めて』の始まりです。

作者プルーストの綴りは Proust ですが、この場合は語尾の st を発音するんですね。またしても、どんな場

合にも例外はあるということです。でも、このあとも例外が出てきた場合は、そのたびごとに説明を加えるのでどうか安心してください。

　ともあれ、20世紀を代表する2つのフランス小説の有名な冒頭が、原語で読めるようになりました（ダメだった方は、もう一度、この第1章を読みなおしてください）。

　これでもうフランス語を恐れることは何もありません。だって、もう本当にフランス語を読めるようになったんですから（意味はぜんぜん分からないけれど）。さあ、続く第2章からは、フランス語の文法に入ります（いよいよフランス語の意味が分かるようになるのです）。

第2章 男性・女性、危険な関係

―― 名詞、冠詞、形容詞、数の表現

最も分かりやすい
男性名詞・女性名詞「男と女」「父と母」

まず、ショッキングな事実を確認しておきましょう。

フランス語の名詞には性別があって、男性名詞と女性名詞に分かれます。

もちろん、いつものように例外はあって、すでに知っている「子供」という意味の名詞 enfant（アンファン）は、「男の子」にも「女の子」にもなりますが、これはあくまでも珍しい例外です。

いちばん分かりやすい男性名詞と女性名詞を対比して例を挙げましょう。「男」と「女」。これはフランス語でいうと、

homme
オム
femme
ファム

おっと、発音の例外が出てきてしまいました。

homme のほうは問題ありません。h は発音しない。子音（m）が重なった場合は 1 音として読む。語尾の e は発音しない。基本的な原則で発音が決まっています。オム。

ところが、femme のほうは、子音（m）が重なった

ら1音で読み、語尾のeは読まないという原則はそのとおりなのですが、子音が重なったらそこで音節を分けるという規則に従って、fem-meと切れます。当然、音節の切れ目にないeは「エ」と発音するというのが原則です。つまり、綴りと発音の規則によれば、「フェム」となるはず。ところがそうはならないんですね。「ファム」と発音します。大きな例外です。

でも、femmeは「ファム・ファタル（宿命の女、魔性の女、妖婦、悪女）」というカタカナ言葉となって日本語でも使われますから、「ファム」という発音にじつは日本人は慣れているのです。

そして、性別は、もちろんhomme（男）が男性名詞で、femme（女）が女性名詞。これはなんの問題もありません。

もうひとつ例を出しましょう。

père
ペル

mère
メル

意味は「父」と「母」です。

むかし、三好達治という詩人がこういう詩句を書きました。

海よ、僕らの使う文字では、お前の中に母がいる。そして母よ、仏蘭西人の言葉では、あなたの中に海がある。
（詩集『測量船』より「郷愁」）

　これは、フランス語で、「母」が mère で、「海」が mer であることに着目した詩です。たしかに、「海」という文字のなかに「母」があるように（古い字体では、「海」は「海」と書きます）、フランス語の mère（母）のなかには mer（海）が入っています。mer の語尾の r は、45ページで説明した「ca<u>r</u>eful」の原則に従って発音するので、フランス語では、「母」と「海」はまったく同じ「メル」という音になります。それにしても、「母」と「海」の結びつきには、たんなる言葉をこえた本質的なものがありそうに思えてきます。フランス人と日本人、意外に親近性がありそうですね。
　当然のことながら、père（父）は男性名詞で、mère（母）は女性名詞。これもなんの問題もありません。

初心者で、そもそも外国人なんだから名詞の男性・女性は間違えてもいい!?

　それでは、次の例です。最初の単語が男性名詞で、2

つ目の単語が女性名詞です。

crayon
クレヨン
table
タブル

「クレヨン」は完全に日本語になったフランス語ですが、ここでまた、発音の説明が必要になりました。y をどう発音するかです。y は基本的に i と同じに発音します。例えば、stylo は「スティロ」と発音します。意味は「万年筆」です。

しかし、問題は、crayon のように y が母音で挟まれている場合です。ちなみに、「クレヨン」は日本語とフランス語では、意味がずれてしまっています。日本語のクレヨンは色とりどりのお絵かきの道具ですが、フランス語の crayon はたんなる「鉛筆」のことです。

それで、鉛筆の crayon ですが、この単語の y は a という母音と o という母音に挟まれています。こういう場合、y は i が２つ連続するものと見なしてください。

そうすると、crayon が crai + ion となって、２つの音節に分かれます。ai は発音の規則で「エ」となるので crai は「クレ」、ion は母音同士がくっついて、「ィォン」から「ヨン」という音になります。それで全体が「クレヨン」となるわけです。ちょっと面倒かもしれま

せんが、また母音に挟まれた y が出てきたら説明しますね。

　さて、crayon は「鉛筆」で、table は英語と同じ「テーブル」です。これらの名詞は、さっきやった homme（男）と femme（女）、あるいは père（父）と mère（母）のような性別とはなんの関係もありません。しかし、フランス語では、crayon は男性名詞、table は女性名詞と決まっています。そして、この区別は、原則としてすべての名詞に付いてまわります。

　すこしフランス語を学んでいくと、この名詞は男性っぽいとか、こちらのほうは女性っぽいとかいう区別が感じられるような気がしてきますが、それは錯覚です。ともかく、すべての名詞が、男性か、女性か、どちらかに属するので、正しいフランス語を習得するためには、その名詞が男性名詞か女性名詞か分かっていなければなりません。

　しかし、私たちは外国人で、しかも、この本の読者は初心者です。ひとつの名詞が男性であるか女性であるか間違えたとしても、まったく問題はありません。逆にいえば、かならず、50％という高い確率で当たるのですから、忘れてしまってもどちらかで処理しておいて、あとでまた正しい性別を調べて憶えなおせばいいのです。**ともかく、フランス語の名詞は基本的に、男性名詞か女**

性名詞かのどちらかになります。

　なぜ男性名詞と女性名詞の区別を知る必要があるかというと、名詞にはほぼ必ず冠詞が付くのですが、男性名詞と女性名詞ではそれに付く冠詞が異なるからです。

不定冠詞と定冠詞の数は多いが　英語よりはるかに論理的

　さて、ここで冠詞の説明です。

　英語の場合、冠詞には大きな区別がありました。不定冠詞と定冠詞。前者が a(an) で、後者が the ですね。a(an) が示すのは、ただの数字の 1 （1 個）ということではなくて、「**なんでもいい、これと定めることのできない（だから「不定」の）、あるひとつの名詞**」を指示しています。これが**不定冠詞**です。

　これに対して、**それと定まった名詞に付くのが定冠詞**。つまり、a man は、誰でもかまわない誰か「ひとりの男」ですが、the man は、話をしている人同士で「あの男」と分かる決まった人間です。

　で、フランス語には、この不定冠詞と定冠詞に、それぞれ単数と複数を表す形があるのです。

　つまり、まず**不定冠詞と定冠詞という 2 種類**の冠詞があり、それぞれに**男性形と女性形という 2 種類**があり、

さらに、そのそれぞれに**単数と複数という2種類**があるのです。ですから、単純計算で、2×2×2、都合8種類の異なった不定冠詞と定冠詞があることになります。

　でも、じつは、不定冠詞の複数形と定冠詞の複数形に男性・女性の区別はないので、じっさいは6種類です。詳しいことは、これからやりましょう。

　この冠詞の使い方は、一見、面倒に見えるかもしれません。しかし、フランス語はこの論理的なシステムのうえに構築されています。ですから、最初は面倒な規則と思うかもしれませんが、一度システムを呑みこんでしまえば、あとはその機械的な適用でやっていくことができます。

　冠詞についていえば、原則として、**すべての名詞に冠詞が付きます。**

　ですから、英語のように、冠詞が付くか、無冠詞になるかで悩む必要はぜんぜんないのです。

　また、英語の場合、不定冠詞の a(an) はあるけれど、「なんでもかまわないから、いくつかのもの」を指示する不定冠詞の複数形はありません。八百屋さんで、「なんでもかまわないから、いくつかのリンゴ」をくださいというときに、その複数のリンゴを指す不定冠詞がないのです。そこで some という形容詞に助けを借りるこ

とになるわけです。英語は冠詞のシステムがじつにいい加減なのです。

　でも、フランス語なら、「なんでもいいから、いくつかの」という、定まらない（不定の）複数名詞を指示するための冠詞の複数形があります。きちんとした、論理的なシステムになっているのです。

　要するに、冠詞とは、すべての名詞を、未知の（定まらない）ものか、既知の（定まった）ものか、また、単数なのか、複数なのかを区別するための道具です。それによって、この混沌とした世界を分かりやすく区分するためのシステムなのです。

　英語では中途半端なために理解しにくいその冠詞の機能とシステムが、フランス語ではいつも完全に規則的に適用されます。だから、原則として、すべての名詞には冠詞が付いて、まだ定まっていないものか、すでに定まったものか、分かるようになっています。

「ひとりのパリの女」は
「ユヌ・パリズィエヌ」
──不定冠詞単数

　まあ、ここまでで、とりあえず理屈はおくことにしましょう。

まずは、不定冠詞の単数から始めます。

なんでもいいから1個のものを指示する不定冠詞ですが、フランス語には男性名詞と女性名詞がありますので、この順に従って、

un
アン
une
ユヌ

不定冠詞の単数には男性形の un と女性形の une があるわけです。
アン　　　　　　　　　ユヌ

un の発音は38ページでやりましたよね。この綴りは鼻母音で「アン」と発音します。

また、une の場合は、母音（u、e）ごとに音節が作られるので、u-ne と音節が分かれて発音されることになります。u は「ユ」、ne の語尾の e は発音されないので、「ネ」ではなく「ヌ」。あわせて「ユヌ」となります。

un は鼻から音を抜く鼻母音の「アン」ですが、une はあくまでも「ユ」と「ヌ」で、「ユンヌ」と鼻にかかることはありません。

この点で、日本語になったフランス語のカナ表記にはしばしば間違いがあるので、注意が必要です。例えば、パリに暮らす男性と女性を表す「パリジャン」「パリジ

第2章 男性・女性、危険な関係　65

ェンヌ」という言葉です。

　これらのカナ表記のもとのフランス語は parisien および parisienne と書きます。

　都市名の Paris から parisien という形容詞（「パリの」）ができ、その形容詞の男性形 parisien が「パリの男」という意味の名詞、女性形の parisienne が「パリの女」という名詞になったのです。前者が男性名詞、後者が女性名詞であることはいうまでもないでしょう。

　この両者に共通する発音の特徴として、母音に挟まれた s は「ズ」と濁るという原則がありましたね。そこで「パリシャン」ではなく、「パリジャン」となるのですが、ien という綴りは1つの鼻母音になって「ィヤン」と発音されます。例えば、フランス語で very good を意味する très bien は日本語でも「トレビヤン」というカナ書きで知られていますよね。

　で、parisien の場合ですが、濁る s は、j ではなく z の音になるので、より正確には「パリズィヤン」ということになります。

　一方、parisienne の sienne は、母音を基本単位とする音節の区切りによって si-en-ne と分かれ、ien という鼻母音は消えてしまいます。そして、en の e は音節の切れ目にないので「エ」と発音されます。また、重なっている子音（n）は1文字扱いになり、語尾の e は発

音されないので、ne は「ヌ」。つまり、si-en-ne の発音は「ズィエヌ」となります。そういうわけで、全体としては、「パリズィエヌ」という発音になるわけです。日本語の「パリジェンヌ」のように鼻にかかることはありません。

というわけで、une の発音は、「ユンヌ」ではなく、「ユヌ」なのです。

かくして、男性名詞と不定冠詞の単数形の組みあわせと、女性名詞と不定冠詞の単数形の組みあわせが分かるようになりました。語順は、冠詞＋名詞の順になります。

un crayon
アン　クレヨン
une table
ユヌ　タブル

最初に、homme（男）と femme（女）、père（父）と mère（母）という名詞をやりましたが、これらに不定冠詞の単数形を付けると、un homme、une femme、un père、une mère ということになります。

発音は、un homme 以外は、これまで学んだとおり、「ユヌ・ファム」「アン・ペル」「ユヌ・メル」となります。

しかし、un homme だけは「アン・オム」ではなく、「アン・ノム」となります。un（アン）は本来、1個の

鼻母音なので、語尾でnの音が発音されているわけではないのですが、綴りにはnの字が出ています。そのため、この綴りのnが、次に出てくる母音（「オム」の「オ」）とくっついて「ノム」と発音されてしまうのです。

このように、**綴りに出ている子音が、本来は発音されないはずなのに、あとの母音とくっついて発音されてしまう場合を「リエゾン」**といいます。「リエゾン」は「連係」という意味で、発音されないはずの子音があとの母音と「連係」して発音されてしまうことをいいます。

un homme が「アン・ノム」と発音されるのは、リエゾンが起こっているのです。リエゾンについては、また出てきたときに説明しますね。

「コムデギャルソン」は
「男の子たちみたいに」の意
——不定冠詞複数

続いて、不定冠詞の複数形を使って、例文を「何本かの鉛筆」「いくつかのテーブル」という意味の言葉にしてみましょう。

des crayons
デ　　　クレヨン
des tables
デ　　　タブル

なんと、両方とも冠詞は同じ des です。そう、**不定冠詞の複数には男性・女性の区別がなくて、同じ des** なのです。

　また、des の発音は、母音が 1 個しかなく、1 音節の単語で、e が音節の切れ目にないので「エ」と発音します。これが d とくっついて「デ」となります。語尾の s はもちろん読まないのです。

　さて、名詞が複数になったので、名詞の語尾に複数を表す s が付いています。この点は英語と同じです。**名詞の複数形には s を付ける**のが原則です。ただし、語尾の単独の子音なので発音しません。というわけで、「クレヨン」「タブル」という発音に変化はありません。

　じゃあ、耳で聞いたとき、名詞の単数と複数の区別がつかないじゃないか、と思う方もいるかもしれません。でも大丈夫。なぜなら、フランス語の名詞には原則として冠詞が付くので、冠詞で単数か複数か、はっきりと分かるのです。ここでも、フランス語の冠詞のシステムがきちんと論理的に働いています。

　日本の有名なデザイナー、川久保玲さんのブランド名に「コムデギャルソン」というのがありますよね。あれはフランス語で comme des garçons と書きます。comme が「〜のように、〜みたいに」という意味で、

garçons が garçon（少年、男の子）という名詞の複数形。des はいまやったばかりの不定冠詞の複数形です。つまり、意味は「男の子たちみたいに」ということになります。garçon の ga の発音は、本書では「ガ」と表記しますが、「ギャ」に聞こえることもあるので、どちらでもぜんぜんかまいません。

　ちなみに、フランスのカフェのウエイターのことを「ギャルソン」と呼びますが、これは英語でウエイター、給仕人のことを「ボーイ（少年）」と呼ぶのと同じことです。ただし、現在では「ボーイ」も「ギャルソン」もちょっと見下した呼称に感じられるようで、フランス語でウエイターに呼びかけるときには「ギャルソン」よりも「ムッシュー」を使うのが普通です。「ギャルソン（男子）」という名称のとおり、カフェやレストランの給仕人は男の仕事です。黒のヴェストと蝶ネクタイに純白の前掛けをきりりと締めたギャルソンは、パリの華です。その姿には男の仕事という誇りが感じられます。

「それらのテーブル」は「レ・タブル」
──定冠詞

　次は、定冠詞に行きましょう。まずは、男性形の単数と、女性形の単数です。

le crayon
ル　クレヨン
la table
ラ　タブル

男性名詞には le「ル」が付き、女性名詞には la「ラ」が付きます。「その鉛筆」「そのテーブル」というように、ある定まったものを指しているわけです。簡単です。

　続いて、複数形。

les crayons
レ　クレヨン
les tables
レ　タブル

　さきほど不定冠詞の複数形が、男性名詞に付く場合でも女性名詞に付く場合でも des「デ」になったように、**定冠詞の複数形も男女の区別はありません。男性名詞に付くときも、女性名詞に付くときも les「レ」となります。**くり返しになりますが、名詞の複数を表す語尾の s は発音しません。

　「それらの鉛筆」「それらのテーブル」という具合に、話している人のあいだで「それら」と分かる定まったものを示しているわけです。

量は測れるが数は数えられないもの
——部分冠詞

　もうひとつ、フランス語の冠詞には、英語にはない冠詞があるのです。それは部分冠詞です。

　部分冠詞って何か、といえば、不定冠詞と対をなす冠詞です。

　さっき学んだのは、不定冠詞と定冠詞という対でした。つまり、なんでもいい、これと決めることのできない名詞に付く不定冠詞と、話している人同士のあいだでは、これと分かっている特定の名詞に付く定冠詞という対比です。

　いっぽう、不定冠詞と部分冠詞は、数えられる名詞と数えられない名詞に付くものです。

　つまり、なんでもいい、これと定めることのできないものでも、数えられるものならば、1個の場合には不定冠詞の単数形が付き、2個以上の場合には不定冠詞の複数形が付くのです。

　例えば、なんでもいいからリンゴが1個であれば、リンゴはフランス語で pomme という女性名詞なので、不定冠詞を付けて une pomme とします。なんでもいいから2個以上複数のリンゴということになれば、des pommes となります。

しかし、ミルクのように**量は測れるが、数は数えられ**
ないものの場合、部分冠詞が付くことになります。当然
のことながら、数は数えられないので、部分冠詞に複数
形はありません。それではどう使うのか？

フランス語の「ミルク」は、32ページの「カフェ・オ・
レ」のところでやりましたね。lait という男性名詞です。
そこで「いくらかの量のミルク」を表すためには、du
lait という表現を使います。du が部分冠詞です。**du は**
男性名詞に付く部分冠詞です。

女性名詞を問題にする場合、例えば、肉料理につきも
のの「ソース」はフランス語でも sauce といいますが、
女性名詞です。そこで部分冠詞も変わって、「いくらか
の量のソース」は de la sauce といいます。**de la が女**
性名詞に付く部分冠詞なのです。de la と 2 つの単語に
分かれていますが、これで 1 つの言葉です。

またまた、英語を引きあいに出して申し訳ありません
が、英語の場合、数えられる名詞にも数えられない名詞
にも、冠詞と形容詞をごっちゃに使って、a book とか
some books とか some milk とかいうことになります。
これでは、冠詞のシステムがまったく見えてきません。
こういう英語のいい加減なやり方に比べると、フランス
語の冠詞のシステムは本当に論理的かつ規則的なのです。

まとめ：名詞にはかならず8種類の
冠詞のどれかが付く

　これで、フランス語のすべての名詞に付く冠詞のシステムが分かりました。まとめると、

不定冠詞	単数	男性形	un アン
		女性形	une ユヌ
	複数		des デ
定冠詞	単数	男性形	le ル
		女性形	la ラ
	複数		les レ
部分冠詞		男性形	du デュ
		女性形	de la ドゥ ラ

　この8つの冠詞のどれかが、原則としてかならず名詞には付きます。この世の中のすべての物が、冠詞のシステムによって、この8種類に区分されることになるわけ

です。考えてみれば、すごいことです。

「グランプリ」は「グラン・プリ」
（大きな賞）──形容詞の男性・女性

　さて、名詞と冠詞における男性・女性問題はこれで片がつきました。

　しかし、男性・女性の区別に関しては、もうひとつ、明確にしなければならない問題があります。それは形容詞です。

　例を出しましょう。日本語でもよく知られた「グランプリ」という言葉。これは grand prix というフランス語です。意味は grand が「大きい」、prix が「賞」ということです。つまり、「大賞」です。

　grand という形容詞は英語にもありますが、フランス語は語尾の単独の子音を読まないので「グラン」という発音になります。prix も英語に prize（プライズ、賞）という似た形の単語がありますね。語源は同じラテン語です。フランス語の prix の場合、語尾の単独の子音は読まないので「プリ」と発音されます。

　「グランプリ」の grand が形容詞で、prix は男性名詞です。そして、フランス語では、**男性名詞に付く形容詞は男性形、女性名詞に付く形容詞は女性形**になります。

第2章 男性・女性、危険な関係　75

　したがって、grand は男性形なのですが、**形容詞の女性形**はどうなるかというと、男性形が基本で、**男性形に e を付ける**というのが原則になります。つまり、grand という形容詞の男性形と女性形は、

　　grand
　　　グラン
　　grande
　　　グランドゥ

なぜ発音が変わるかというと、語尾の単独の子音は読みませんが、女性形になって e が付いたので、子音を読むことになります。しかし、同時に、語尾の e は読まないという原則があるので、「グランデ」ではなく「グランドゥ」ということになります。

　女性名詞の table に形容詞の grand が付く場合、形容詞は女性形になって、grande table「グランドゥ・タブル」（大きなテーブル）という形になり、どれでもいい不特定の大きなテーブルなら une grande table とな
ユヌ　グランドゥ　タブル
りますし、特定の「あの大きなテーブル」であれば、la
ラ
grande table ということになります。これらを複数に
グランドゥ　タブル
すると、不定冠詞が付けば des grandes tables となり、
デ　グランドゥ　タブル
定冠詞が付けば les grandes tables となります。
レ　グランドゥ　タブル
　ただし、des grandes tables のように形容詞が名詞の前に来る場合、不定冠詞複数の des は de に変わるとい
デ　ドゥ

う文法上の例外措置が出てきます。形容詞の位置の問題は次にやりましょう。

「ボージョレ・ヌーヴォー」は「新しいボージョレ」——たいがいの形容詞は後ろに付く

　例えば、フランスのワインのなかでも、とくに有名な「ボージョレ・ヌーヴォー」というものがあります。11月の半ばくらいにその年の新酒が解禁となり、フランスでも年中行事のひとつとして定着し、カフェや自宅でその年の新酒を飲んで、「今年のボージョレ・ヌーヴォーはなかなかいいね」などというのが習いになっています。

　これはブルゴーニュワインの一種で、主にボージョレ地方（フランス中央部のアルプス寄り）で造られるので、「ボージョレ」と呼ばれます。綴りは beaujolais で、発音の規則どおり、eau は「オ」（33ページ）、ai は「エ」（31ページ）で、語尾の単独の s は読まないので、正確な発音は「ボジョレ」です。

　で、「ヌーヴォー」は「新しい」という意味の形容詞で、この場合は「新酒」のことを指しています。綴りは nouveau です。ou は「ウ」と発音するので（26ページ）、この発音も正しくは「ヌヴォ」であって、音は伸びませ

ん。

　ところで、この「ボジョレ・ヌヴォ」の場合、名詞＋形容詞という順番になっていますが、さっきやった grand prix（グラン・プリ）の場合は、形容詞＋名詞の順になっていました。これはいったいどういうわけか？

　フランス語では、英語と違って、形容詞はだいたい名詞のあとに付きます。つまり、beaujolais nouveau の順番が普通です。

　ところが、grand のように、短くてよく使う形容詞は名詞の前に来ることが多いのです。

　grand（大きい）の反対語の petit（小さい）や、bon（良い）、mauvais（悪い）、beau（美しい）といった形容詞が、名詞の前に来ます。

　発音はすべて原則どおりですから、順に「プティ」「ボン」「モヴェ」「ボ」となります。ほかにも名詞の前に来る形容詞はいくつかありますが、出てきたら憶えることにしましょう。

　さきほど、形容詞の女性形は、基本となる男性形に e を付けるのが原則だといいました。いま挙げた petit、bon、mauvais、beau はすべて基本の男性形です。

　それでは女性形はというと、最初の petit（小さい）は e が付いて t を読むようになる（ただし、語尾の e

は発音しないので、「テ」ではなく「トゥ」となる）から、発音は原則どおり「プティトゥ」となります。

　しかし、bon（良い）は、女性形になるとき n を重ねるという例外の処置をおこなって　bonne となります。でも、発音は原則どおり、重なった子音は 1 音扱いで、語尾の e は読まないので、「ボヌ」となります。

　mauvais（悪い）の女性形は、原則どおり e が付いて mauvaise となりますが、発音はちょっと注意が必要です。42 ページでいったように、s は母音に挟まれると「ズ」の音に濁り、さらに語尾がすこし伸びて「モヴェーズ」となります。

　ちょっと面倒なのは、beau（美しい）で、女性形はがらりと変わって belle となります。発音は原則どおり「ベル」となります。

　ジャン・コクトーの映画やディズニーのアニメで有名な『美女と野獣』のヒロインは「ベル」という名で呼ばれていますが、このフランス語の綴りは Belle で、これは beau の女性形、つまり「美女」という意味なのです。

　また、形容詞のなかには、例えば facile（ファスィル、「簡単な」の意）とか difficile（ディフィスィル、「難しい」の意）のように、語尾が e で終わるものもあります。こういう場合は、男性形と女性形の区別がなく、そのまま両方に使います。

「ヌーヴェルヴァーグ」は「新しい波」
──形容詞は前にも付く

68ページで、名詞の複数形にはsを付けるのが原則だと申しあげましたが、形容詞の複数形も同じ原則が働きます。そして語尾のsは読みません。

つまり、grand（グラン）と grande（グランドゥ）の複数形は grands と grandes になりますが、発音はまったく変わりません。

petit（プティ）と petite（プティトゥ）も petits と petites で発音は同じ。

mauvais（モヴェ）という形容詞の男性形の場合はすで語尾に s が付いているので、複数でも s を重ねることはせず、そのままです。

これはほかの形容詞や名詞の場合も同じで、**語尾が s で終わっている形容詞や名詞は、単数も複数も s は1つのまま**です。例えば、ワインの種類を表す名詞 beaujolais（ボジョレ）は、語尾に初めから s が付いているので、複数になっても、単数と形が変わりません。

いっぽう、形容詞 mauvais の女性形である mauvaise（モヴェーズ）の複数形は、s を加えて mauvaises となります。発音は、原則どおり s が語尾に付いても発音

されません。

　問題なのは、またしても beau で、男性形の複数は s ではなく x が付いて beaux となります。語尾の子音は読まないので、発音は「ボ」のままです。

　語尾が ~eau や ~au で終わる名詞や形容詞の複数形は、s ではなく x を付けるのが原則です。これはまた出てきたときに復習しましょう。

　beau の女性形の belle は複数になっても s が付いて belles となるだけで、発音も「ベル」と変わりません。

　ところで、さきほど出てきた「ボジョレ・ヌヴォ」の形容詞 nouveau ですが、ここでは名詞の後ろに付いています。ところが、nouveau は名詞の前に付くこともあるので、要注意です。

　例えば、フランスの有名なジャン＝リュック・ゴダールやフランソワ・トリュフォーといった映画監督を生みだした映画運動は「ヌーヴェル・ヴァーグ」という名前で日本でもよく知られています。

　この言葉は nouvelle vague と綴るフランス語です。発音は、ou が「ウ」となり、elle は 43 ページで地名の Belleville を例にとって説明したように「エル」となるので、前半は「ヌヴェル」です。vague の gue については、36 ページで gu は「ギュ」と発音すると説明

しましたが、gu のあとに母音が続くときは「グ」と発音するという規則があるのです。そして、語尾の e は読まないので、「ゲ」ではなく「グ」と発音します。したがって、vague は「ヴァグ」となります。つまり、「ヌーヴェル・ヴァーグ」よりも「ヌヴェル・ヴァグ」のほうが正しい発音になるわけです。

　で、この nouvelle は、「ボジョレ・ヌヴォ」のところで学んだ nouveau（新しい）という形容詞の女性形なのですね。vague は「波」という意味の名詞なので、nouvelle vague とは「新しい波」という意味になります。「ヌーヴェル・ヴァーグ」とは、フランスで始まった映画の「新しい波」のことなのです。

　nouveau で注意すべきは、beaujolais nouveau のときにはこの形容詞が名詞の後ろに付いていたのに、nouvelle vague のときには前に付いていることです。

　nouveau（nouvelle）という形容詞は、名詞の後ろに付くときは「最新の、今までにない」という強いニュアンスになり、名詞の前に付くときには「新たな、もうひとつの」という弱いニュアンスになります。そんな違いはあるのですが、まあ、名詞の前に付くことも、後ろに付くこともあるのだな、と気楽に考えてください。とりあえず、どちらも「新しい」という意味であることに変わりはありません。

さらに、この nouveau という形容詞は、ちょっと前に「語尾が ~eau や ~au で終わる名詞や形容詞の複数形は、s ではなく x を付けるのが原則」だと説明し、「また出てきたときに復習しましょう」といいましたが、本当にすぐにまた出てきましたね。というわけで、nouveau の複数形は nouveaux となります。女性形の複数はたんに s を付けるだけの nouvelles で大丈夫です。

まとめ：もう一度、名詞と冠詞の男性・女性形と単数・複数形

というわけで、これで、フランス語における名詞、冠詞、形容詞の使い方の原則はおしまいです。

名詞は男性名詞と女性名詞に分かれ、原則として複数形は s を付ける。「原則として」ということは、もちろん例外もあるわけです。~au 、~eau で終わる名詞に x が付くように。

また、名詞には基本的に冠詞が付きます。

そして、冠詞には、不定冠詞と定冠詞と部分冠詞の 3 種類があって、それぞれに男性形と女性形があります。不定冠詞と定冠詞は数えられる名詞に付くので、単数形と複数形がありますが、部分冠詞は数えられない名詞に

付くので、複数形はないわけです。まとめれば、以下の
ようになります（73ページのくり返しになりますが）。

不定冠詞	単数	un （男性形）　une （女性形） アン　　　　　　　ユヌ
	複数	des （男性女性同形） デ
定冠詞	単数	le （男性形）　la （女性形） ル　　　　　　　ラ
	複数	les （男性女性同形） レ
部分冠詞		du （男性形）　de la （女性形） デュ　　　　　ドゥ　ラ

　学習のいまの段階では、とりあえず名詞には、この８
つの冠詞のうちのどれかがかならず付くと考えておいて
ください。

　それから、形容詞も、男性形と女性形、単数形と複数
形があって、基本的に名詞のあとに付きますが（これが
英語と違うところ）、よく使う短い形容詞のなかには、
名詞の前に付くものが少しあります。

　以上が基本原則のまとめになります。

「アン・ドゥ・トゥルワ」数えましょうよ!

ついでに、数の数え方をやってしまいましょう。まずは 10 まで。

数(数詞)は「1」「2」「3」という名詞であると同時に、「1 つの」「2 つの」「3 つの」という形容詞でもあります。形容詞として名詞に付くときには、名詞の前に来ます。

そして、「1 つの」のときだけ、男性名詞には un という不定冠詞単数の男性形が付き、女性名詞には une という不定冠詞単数の女性形が付きます。

「2 つの」より上では、形容詞の形は変化しません。

それでは、1 から 10 まで行きましょう。

un/une　　(1)
アン / ユヌ

deux　　　(2)
ドゥ

trois　　　(3)
トゥルワ

quatre　　(4)
カトゥル

cinq　　　(5)
サンク

six　　　　(6)
スィス

sept　　　(7)
セトゥ

huit　　　(8)
ユイトゥ

neuf　　　(9)
ヌフ

dix　　　(10)
ディス

deux（2）のときは x を読まないのに、six（6）や dix（10）のときは「ス」と読むのはまったく変ですね。しかし、しつこいようですが、例外は付きものなのです。

また、cinq（5）の q、sept（7）と huit（8）の t のように、語尾の単独の子音を読むという例外もあります。しかも、sept の p のほうは発音しないのですから、面倒ですね。

いっぽう、neuf（9）の f は、45ページでやった careful の原則に従って、単独ですが発音されています。憶えてしまうより仕方がありません。どうかお許しください。

復習問題

すらすら読めるまで、読みなおしを！

それでは、この章の最後に、復習の問題をやってみましょう。次に出てくる名詞、冠詞、形容詞、数詞の組み合わさった表現を正確に発音し、意味をいってください。本文に直接出てこなかった例もあるので、気をつけてくださいね。

これがすらすらできるようになったら、次の章へ進んでけっこうです。少しでもつっかえるところがあるよう

ならば、第2章をもう一度読みなおして、この復習問題にふたたび挑戦してみてください。

un homme　une femme	(66 ページ)
un père　le père une mère　la mère	(66 ページ)
un crayon　le crayon une table　la table	(66,70 ページ)
un parisien　le parisien une parisienne　la parisienne	(65 ページ)
très bien	(65 ページ)
des crayons　les crayons des tables　les tables	(67,70 ページ)
comme des garçons	(68 ページ)
un grand prix　le grand prix	(74 ページ)
une grande table　la grande table	(75 ページ)
un beaujolais nouveau des beaujolais nouveaux	(76,79,82 ページ)
un petit crayon　une petite table	(77 ページ)
un bon père　une bonne mère	(78 ページ)
un mauvais garçon une mauvaise parisienne	(78 ページ)
un beau garçon　une belle parisienne	(78 ページ)

facile　difficile	(78 ページ)
la nouvelle vague	(80 ページ)
un　une　deux　trois　quatre cinq　six　sept　huit　neuf　dix	(84 ページ)

第3章 セシボン、ケスクセ、コマンタレブー
―― フランス語の文章に触れる

いよいよ動詞を使った文章に触れてみましょう!

　第1章で綴りと発音の規則を憶え、第2章で名詞と冠詞と形容詞と数詞の組み合わせ方を理解しました。

　しかし、まだ途切れ途切れのフランス語の単語を並べているだけで、まとまった意味を持つ文章に接していません。

　ですから、この章では、フランス語の簡単な文章をマスターしてみましょう。

　文章を作るためには、動詞が必要です。ここでは、**フランス語の基本となる動詞** être（エトゥル）と avoir（アヴワル）と aller（アレ）を使うことにします。

　発音がちょっと変だと気づいたあなた、鋭いですね。être の発音はこれまでやった規則どおりですし、avoir の場合は careful の原則に従って r が発音されているのに、aller の場合は r が発音されていません。つまり、aller は例外的な発音になるのです。

　さて、**être は、英語でいえば be 動詞に当たる**もので、「〜である」という意味です。英語の be 動詞に活用があるように、フランス語の être にも活用があります。

第3章　セシボン、ケスクセ、コマンタレブー　91

　動詞の活用形は、主語によって決まります。主語には基本的に6つの形があります。

　1人称単数（私）、2人称単数（君）、3人称単数（彼、彼女、それ）、1人称複数（私たち）、2人称複数（君たち）、3人称複数（彼ら、彼女ら、それら）です。

　英語のbe動詞でいえば、I am、you are、he(she, it) is、we are、you are、they are ということで、I と he(she, it) には固有の活用形があるのに、ほかの異なる4つの人称ではareが共通して使われるという、なんだか不可解な方式になっています。

　フランス語の動詞の活用はもっと規則的で、**6つの人称それぞれに対応する être の活用形がちゃんと決まっ**ています。

　これから学ぶ活用形はすべて現在形です。つまり、当然、過去形の活用もあるわけですが、それはもっとあとに回すことにして、まずは être の現在形の活用をやってみましょう。

英語でいえば I am、you are、he is、she is、it is を学びましょう

　最初は、je suis。
　　　　ジュ　スュイ

なんで être の活用なのに、ぜんぜん形の違う suis に
なるのだ？　と怒ったあなた。あなたのいい分はもっと
もです。しかし、être は「不定詞」なのです。**英語で
は「原形」というのが普通ですが、文法用語では英語で
も「不定詞」といいます。**要するに、動詞の、辞書に出
ている、活用しない形のことで、**フランス語では、動詞
の不定詞と活用形とがまったく違っていることがあるの
です。**

　とくに、頻繁に用いる、英語で be 動詞に当たる
être、have 動詞に当たる avoir、go に当たる aller は、
不定詞と活用形がかなり違っているケースが多いので
す。そういうものなのだ、とちょっと心を落ち着けて、
それらの活用形におつきあいください。

　さて、je suis に戻ります。
　　　　　　ジュ スュイ
　この発音は規則どおりでいいのですが、suis は「シ
ュイ」ではなく、「スュイ」。つまり、29ページで
merci（ありがとう）の発音を説明したとき、「ci『スィ』
は『シ』ではありません。英語でいえば、see［si:］と
she［ʃi:］の違いです。この ci の発音は、see の s の
音に i が付いたものです」と説明しましたが、その場合
と同じように、suis の発音も「スュイ」であって、
shuis（シュイ）ではないのです。

　さて、je は「私は」を意味するいちばん基本的な代

名詞です。というわけで、je suis の意味は「私は〜である」ということになります。

続いて tu es。意味は「君は〜である」。
テュ エ

　次の３人称単数が、英語とはちょっと違っています。

　英語では、主語となる代名詞が、男性(he) と女性(she) と物（it）によって変わりますが、フランス語の**３人称単数の主語となる代名詞は、人間の男性と男性名詞を受ける il と、人間の女性と女性名詞を受ける elle の２つ**
イル　　　　　　　　　　　　　　　　　エル
になります。

　être の活用形は、il の場合も elle の場合も est で、この est の発音は、23ページでやったように、語尾の子音の s と t を両方とも読まないので、「エ」という発音になります。

　つまり、il est が、「彼は〜である」あるいは「それ（男性名詞）は〜である」の意味で、elle est が「彼女は〜である」「それ（女性名詞）は〜である」ということになります。そして、このとき、発音に注意が必要です。

　というのは、「イル・エ」という発音はくっついて「イレ」となり、「エル・エ」という発音もくっついて「エレ」になるからです。

　このように、前の単語の子音とあとの単語の母音がくっついてしまう現象が起こることが多く、これを「アン

シェヌマン」と呼んでいます。「アンシェヌマン」とは「つ
ながり」という意味で、前の単語の子音とあとの単語の
母音が「つながって」発音されてしまうことを指していま
ます。

　第2章の67ページで「リエゾン」に触れました。リ
エゾンとは、「発音されないはずの子音があとの母音と
くっついて発音されてしまうこと」でした。

　このリエゾンの場合、本来発音されないはずの子音が、
あとに来る母音にひっぱられて発音されてしまうのにた
いして、アンシェヌマンの場合は、もともと発音されて
いる子音が、あとの母音とくっつくだけなので、リエゾ
ンとアンシェヌマンはまったく違う現象です。

　それはともかく、そんなに神経質になることはありま
せん。出てくるたびに注意するので安心してください。
そのうち慣れてきます。

次は複数形。英語でいえばwe are、you are、they are

　さて、話を基本的な動詞の être に戻します。

　次は、1人称複数ですね。これは nous sommes とな
り、「私たちは〜である」の意味。

　2人称複数は vous êtes で、代名詞は「ヴ」、être の

活用形は「エトゥ」と発音しますが、この２つがつなが
ると、「ヴ・ゼトゥ」となります。本来発音しないｓが
あとの母音とくっついて発音されるので、これは「リエ
ゾン」ですね。しかも、vous のｓは母音に挟まれてい
るので、ｚの音になり、「ゼトゥ」という発音になった
わけです。意味は、「君たちは〜である」。

　ところで、この vous には注意が必要です。というの
は、フランス語には、「君は〜である」の意味を表す
tu es にたいして、「あなたは〜である」の意味を表す敬
語的な表現があって、このとき主語に vous を使って
vous êtes（あなたは〜である）というからです。つまり、
vous には「君たちは」という２人称複数の意味と、「あ
なたは」という丁寧な２人称単数の意味があるのです。
さらに vous は、「あなたがたは」という丁寧な２人称
複数の意味もあります。要するに、**vous ひとつで「君
たちは」「あなたは」「あなたがたは」という３つの意味
を表す**ことができるのです。その意味の違いは文脈で区
別できるので、混乱することはありません。どうか安心
してください。英語の you だって単数・複数の区別な
く使われているのですから。

　最後の３人称複数の主語の代名詞と être の活用形の
組みあわせは、ils sont と elles sont になります。
　前者が「彼らは〜である」あるいは「それら（男性名

詞複数）は〜である」、そして、後者が「彼女たちは〜
である」あるいは「それら（女性名詞複数）は〜である」
という意味になります。

　それから、ここまで主語は代名詞だけでやってきまし
た。しかし、普通の主語は、無数の名詞や固有名詞を含
んでいます。それらの名詞に対応する動詞の活用形は、
単数の名詞が主語ならば、3人称単数の est になり、複
数の名詞が主語ならば、3人称複数の sont になります。

　つまり、ジャン Jean という男の人を主語にして、「ジ
ャンは〜である」といいたいときには Jean est ~ とな
りますし、3つのテーブルがあって、「それら3つのテー
ブルが〜である」といいたいときには les trois
tables sont ~ となるわけです。
　　　　タブル　　ソン

　さて、人称ごとの être の活用形を以下にまとめて表
にしておきますので、憶えてください。

　とはいっても、「君は〜だ」とか「君たちは〜です」
といったフランス語を使う機会などたいていの日本人に
はありません。観光客としてパリに行ったとしても、フ
ランス人相手に tu es ~ とか vous êtes~ といって会話
　　　　　　　　　テュ　エ　　　　ヴ・ゼトゥ
することなど、まずありえないでしょう。

　ですから、とりあえず、フランス語には主語となる人
称が6つあって、動詞はそれぞれに対応する活用形があ

第3章　セシボン、ケスクセ、コマンタレブー　97

るのだという事実を忘れないでください。そのために、
être の例を頭に入れておくと便利なのです。なに、忘
れたら、またここを見て復習すればいいのです。気楽に
行きましょう。というわけで、動詞 être の活用形はこ
うなります。

単数	1人称		je suis ジュ スュイ
	2人称		tu es テュ　エ
	3人称	男性	il est イ　レ
		女性	elle est エ　レ
複数	1人称		nous sommes ヌ　　　ソム
	2人称		vous êtes ヴ・ゼトゥ
	3人称	男性	ils sont イル　ソン
		女性	elles sont エル　　ソン

とても便利な言葉 c'est（セ）

　さて、これから簡単な文章の習得に入りましょう。こ
こでいちばん必要になるのは、être の3人称単数の活

用形、つまり est です。

　さきほど、この est の主語となる代名詞は、人間の男性と男性名詞を受ける il（彼、それ）と、人間の女性と女性名詞を受ける elle（彼女、それ）の２つだと申しあげました。

　しかし、なんだか面倒くさいなと思われたあなた、あなたにぴったりの代名詞があるのです。それは、24ページでちょっと言及した ce です。ce は英語でいえば、it に当たる代名詞で、これ１個で「これ、それ、あれ」を、また、男性名詞でも女性名詞でも指すことができます。

　ですから、「これは〜である」「それは〜である」「あれは〜である」は、全部、主語の ce と、être の活用形である est を組み合わせて使えばいいのです。英語の it is と同じようなものです。

　ただし、ce と est はかならずくっついて、c'est という形になり、発音は「セ」となります。

　この現象は「エリジオン」（母音字省略）といいます。

　これまで学んだ定冠詞の le と la、あるいは、ついさっきやった je（ジュ、「私は」の意）とか、綴りと発音の規則のところ（24ページ）で触れた、te（トゥ、「君を」の意）や、me（ム、「私を」の意）や、ne（ヌ、英語

の not に当たる副詞、「～ない」の意）や、de（ドゥ、英語の of に当たる前置詞、「～の」の意）や、この ce というような単語は、**あとに母音が来ると、みんな l'、l'、j'、t'、m'、n'、d'、c' という形**になって、あとの単語とくっついてしまうのです。**これが「エリジオン」（母音字省略）**です。

　いきなりたくさんの例を挙げてしまいましたが、この「エリジオン」についても、これからじっさいに出てくるたびに注意するので、とりあえず c'est というエリジオンを記憶しておいてください。

　さて、c'est の使い方です。

　むかし、ジャズの世界にルイ・アームストロングという偉大なトランペッターで歌手がいて、彼が「セシボン」という歌を大ヒットさせました。フランス語を知らない世界中の人々が、「セシボン」というフランス語の柔らかい響きに酔ったのです。もちろんルイは英語で歌ったのですが、タイトルとリフレインはれっきとしたフランス語で、c'est si bon と書きます。発音は、より正確には「セ・スィ・ボン」となります。

　c'est は、さっきもいったように、英語でいえば it is となり、意味は「それは～である」です。

　bon はすでに 77 ページでやりましたね。「良い」と

いう意味です。その前に付いている si は英語の so に当たります。つまり、si bon は「とても良い」の意味です。

というわけで、「セシボン」は「これはとってもいい」という意味になります。ルイ・アームストロングも英語の歌詞のなかで、「『セ・スィ・ボン』／フランスじゃ恋人たちはみんなそういうのさ」と歌っています。

初めて憶えたフランス語の文章が C'est si bon.、これはとってもいいですね。

いうまでもないと思いますが、C'est si bon. はひと続きの文章です。ですから、そういう文章の場合は、最初の文字の C は大文字にして、最後にはかならず .（句点）を打ちます。

「これは〜です」とその複数形 「これらは〜です」

C'est si bon. の場合、c'est のあとに来たのは、副詞（si）の付いた形容詞（bon）でした。

しかし、c'est のあとには、形容詞だけではなく、名詞を置くこともできます。その場合、冠詞が必要になります。例えば、

C'est une parisienne.
セ・テュヌ　　パリズィエヌ

「これはひとりのパリの女性です」

　発音に注意してください。C'est の本来発音されない語尾の t が、不定冠詞 une の u という母音字にひっぱられ、それとくっついて、「セ・テュヌ」というふうに発音されていますね。これは、発音されないはずの子音が発音されるリエゾンです。

　c'est のあとに、不定冠詞の付いた男性名詞が来るときもリエゾンは起こります。

C'est un travail facile.
セ・タン　　トゥラヴァユ ファスィル

　C'est un が「セ・アン」ではなく、「セ・タン」とリエゾンするのですね。

　また、travail はすでに 48 ページで説明した「労働、仕事」という意味の名詞で、facile も 78 ページで出てきた「簡単な」という意味の形容詞です。したがって、この文章の意味は、「これはひとつの簡単な仕事だ」ということになります。

　また、c'est のあとには、固有名詞を置くこともでき

ます。

C'est Jeanne.
セ　　ジャヌ

「これはジャンヌです」

　フランス人のよくある男性名 Jean（ジャン）には女性形があって、それが Jeanne です。日本では普通「ジャンヌ」と呼ばれています。フランス史上最も有名な少女 Jeanne d'Arc（ジャンヌ・ダルク）とか、映画『死刑台のエレベーター』の主演女優の Jeanne Moreau（ジャンヌ・モロー）とか、日本でもよく知られている女子の名前です。

　しかし、フランス語の発音では、「ジャンヌ」というように鼻にかかることはなく、「ジャヌ」もしくは「ジャーヌ」と発音されます。細かいことをいって恐縮ですが、頭の隅にとめていただけると幸いです。

　ここまで、c'est のあとには、形容詞か単数の名詞が来ていました。

　複数の名詞を置いて、「これらは〜である」ということもできますが、その場合には、こうなります。

Ce sont des gâteaux.
ス　ソン　デ　　ガト

「これらはケーキです」

ce は単数でも複数でもそのまま使えるのですが、être の活用形が、3 人称単数のときの est から、3 人称複数の sont に変わるわけですね。

それでは、疑問文を作るにはどうするか？

これがじつに簡単で、語尾を上げればいいのです。

Ce sont des gâteaux ？
ス　ソン　デ　　ガト

疑問文を作るには、英語のように主語と動詞を倒置するやり方や、文章の初めに Est-ce que を置くやり方もありますが、とりあえず、イントネーションで語尾を上げれば疑問文になります。

Est-ce que を付けるのも簡単ですが、日常会話ではあまり頻繁には使いません。主語と動詞を倒置する疑問文の作り方については、また機会があったらそのときに説明することにします。

音は短いが長い綴りの
「ケスクセ(これは何ですか)?」、
そう聞かれたら、こう答える

さて、C'est を使った文をもうひとつ見てみましょう。「ケスクセ」です。

いかにもフランス語らしい響きで、日本語でいうとちょっと滑稽な感じも出るので、ときどきフランス語の例として使われることがあります。私は、赤塚不二夫のマンガで、おフランスかぶれのゲイの泥棒が出てきて、無知な相手をバカにして、「ケスクセ（何なの？）」といっているのを見た記憶があります。

この「ケスクセ」はフランス語ではこう書きます。

Qu'est-ce que c'est ?
　　ケス　　　ク　　セ

初めの qu'est-ce que（ケスク）は長いのですが、これで１つの単語で、英語の what と同じく、「何」を意味する疑問詞です。

この qu'est-ce que のあとに、もうおなじみの c'est（これは～である）が来て、「これは何ですか？」という意味になるのです。

Qu'est-ce que c'est ?（これは何ですか？）と聞かれ

たら、c'est を使って、

C'est un château.
セ・タン　　シャト

「これはお城です」などと答えればいいのです。発音が、「セ・アン」ではなく、リエゾンして「セ・タン」になることに注意してください。

「〜は持つ」はこういう

さて、以上で、フランス語で最も重要な動詞のひとつ、être を征服したので（ちょっと大げさ）、次は、être と並んで大事な avoir に行きます。

avoir は、英語でいえば、have に当たる動詞で、「〜を持つ」という意味です。

また、英語で have は「現在完了」という動詞の過去を表現するときに使いますが、フランス語の avoir も、「複合過去」という、頻繁に出てくる動詞の過去の表現に使います。ですから、今後、過去の表現を学ぶためにも、いま avoir の現在形の活用をしっかりと頭に入れておくと便利です。

まずは、主語の６つの人称に対応した avoir の現在形の活用をやってみましょう。

最初は、j'ai。
　　　　　　ジェ

いきなりエリジオンが出てきましたね。前にいったように、je は、あとに母音が出てくると j' という母音字の省略形になって、あとの単語とくっついてしまうのです。je（私は）という１人称単数に対応する avoir の活用形は ai ですが、この２つの単語がくっついて、j'ai になり、発音は「ジェ」となります。意味は「私は〜を持つ」。「〜を」に当たる目的語の名詞は動詞のあとに来ます。

次は、tu as です。発音は問題ありませんね。意味は「君
　　　　　テュ　ア
は〜を持つ」。

そして、３人称単数は、il a と elle a。発音はアンシ
　　　　　　　　　イラ　　　　エラ
ェヌマンが起こって、「イル・ア」「エル・ア」ではなく、「イラ」「エラ」になります。意味はそれぞれ、「彼は〜を持つ」「それ（男性名詞）は〜を持つ」と、「彼女は〜を持つ」「それ（女性名詞）は〜を持つ」になります。

続いて、avoir の１人称複数の活用形は、nous avons
　　　　　　　　　　　　　　　　　　　　ヌ・ザヴォン
です。

nous の発音しない s が、あとに続く avoir の活用形
　　　　　　　　　　　　　　　　　ヌ
avons の母音にひっぱられ、さらにこの s が [z] の音

になって、avons とくっついて、「ヌ・ザヴォン」となります。つまり、リエゾンです。意味は「私たちは〜を持つ」。

　２人称の複数形の活用でも、同じパターンのリエゾンが起こります。「ヴ・アヴェ」ではなく、vous avez です。意味は「君たちは〜を持つ」。さきほど説明したように、vous は丁寧な表現にもなるので、「あなたは〜を持つ」「あなたがたは〜を持つ」の意味にもなります。

　そして最後の３人称複数。ここでも、リエゾンが起こり、ils、elles の本来は発音されない語尾のｓが［z］の音になって、あとの母音とくっつきます。ils ont、elles ont ですが、「イル・オン」「エル・オン」ではなく、「イル・ゾン」「エル・ゾン」となります。意味は、それぞれ、「彼らは〜を持つ」「それら（男性名詞）は〜を持つ」と、「彼女らは〜を持つ」「それら（女性名詞）は〜を持つ」ということになります。

　それでは avoir の現在形の活用をまとめておきますので、できれば憶えてください。

単数	1人称		j'ai ジェ	
	2人称		tu as テュ ア	
	3人称	男性	il a イラ	
		女性	elle a エラ	
複数	1人称		nous avons ヌ・ザヴォン	
	2人称		vous avez ヴ・ザヴェ	
	3人称	男性	ils ont イル・ゾン	
		女性	elles ont エル・ゾン	

使ってみましょう「～は…を持つ」

続いて、実例を見ることにしましょう。

Il a une maison.
イラ ユヌ メゾン

「彼は1軒の家を持っている」

動詞のあとに名詞を置けば、それを所有しているという意味になります。

ところで、いま、「彼は1軒の家を持つ」と訳さずに、

「彼は1軒の家を持っている」と訳しました。

同じ il a なのに、「持つ」という現在形と「持っている」という現在進行形の両方で訳せたのはなぜでしょうか?

というのは、**フランス語には「現在形」と「現在進行形」の区別がなく、両方ともただの現在形を使えばいい**からです。両者の違いは文脈のなかで明らかになりますから、日本語に訳すときは、どちらか自然な訳文を使えばいいのです。それで、ぜんぜん問題はありません。嘘じゃありません。安心してください。

avoir「持つ」の対象は、具体的な物だけとは限りません。

例えば、chance。英語と同じ綴りですが、フランス語の綴りと発音の規則(27 ページ)に従って、「シャンス」と読みます。英語や日本語と同じく、「運、幸運」を意味する女性名詞です。「幸運」は数えられないものなので、「いくらかの幸運」というのは、フランス語では部分冠詞の女性形を使って、de la chance となります。これを avoir(持つ)という動詞の対象にすることができるのです。つまり、

Tu as de la chance.
テュ ア ドゥラ シャンス

110

「君は幸運を持つ」 → 「君は運がいい」

　あるいは、

Elles ont du courage.
　エル・ゾン　　デュ　　クラジュ

　courage は「勇気」という意味の男性名詞で、数えられないので部分冠詞が付きます。意味は、「彼女たちはいくらかの勇気を持つ」→「彼女たちは勇敢だ」ということになります。

　avoir を使うもうひとつの重要な表現をやっておきましょう。さきほど学んだ c'est と並んで、フランス語のすべての表現のなかで最も使用頻度が高いもののひとつになります。

　それは、il y a です。
　　　　　イリヤ
　avoir の 3 人称単数の現在形の活用が il a（それは〜
　　　　　　　　　　　　　　　　　　　　イ ラ
を持つ）でしたから、その表現に y という単語（「そこに」の意）が加わっただけですが、この il y a で「（『ここに』あるいは『そこに』）〜がある」という表現になります。あとに来る名詞が単数であろうと複数であろうと、数えられる名詞であろうと数えられない名詞であろうと、関係ありません。Il y a 〜. といえば、「〜がある」という

第3章　セシボン、ケスクセ、コマンタレブー　III

意味になります。

Il y a une maison.
イリヤ　ユヌ　メゾン

「家が1軒あります」

Il y a des garçons dans le parc.
イリヤ　デ　ガルソン　ダン　ル　パルク

dans は初めて出てきた単語です。名詞の前にあって「〜のなかに、〜のなかで」という意味を表す前置詞です。parc もたぶん英語から想像がつきますね。「公園」のことです。ただし、発音は careful の原則に従って、語尾の単独の子音でも c は発音するので「パルク」となります。つまり、意味は「あの公園には何人かの男の子がいる」となります。

あるいは、

Il y a de la sauce dans l'assiette.
イリヤ　ドゥラ　ソス　ダン　ラスィエトゥ

assiette は「皿」という意味の名詞です。女性名詞の単数形なので、これに付く定冠詞は la ですが、98ページで説明したように、la はあとに母音が来るとエリジ

オン（母音字省略）を起こす単語なのですね。そこで、la assiette ではなく、l'assiette となるわけです。

　意味は「その皿のなかにはいくらかソースがある」ということになります。

　さっき 104 ページで、c'est と、「何」を意味する疑問詞の qu'est-ce que を組みあわせて、Qu'est-ce que c'est ?（これは何ですか？）というフランス語の文章を学びました。いまやった il y a と qu'est-ce que を組みあわせると、

　　Qu'est-ce qu'il y a ?

となります。

　疑問詞の qu'est-ce que は、あとに母音が来ると、それとくっついてエリジオン（母音字省略）を起こすのです。

　意味は「（『ここに』あるいは『そこに』）何がありますか？」ということになります。

　これは物について尋ねるときにも使えますが、場合によっては「何が起こっているのですか？」とか「いったいどうしたのですか？」といった意味にもなります。しかし普通は、

Qu'est-ce qu'il y a ? と聞かれたら、
ケス　　　　キリヤ

Il y a un grand parc.
イリヤ　アン　グラン　パルク

などと答えればいいのです。「大きな公園があります」の意味ですね。あるいは、こんなふうにも答えられます。

Il y a des problèmes difficiles.
イリヤ　デ　プロブレム　ディフィスィル

problème は英語とよく似た単語で、「問題」という意味の名詞です。ここでは複数形になっています。ですから、「難しい問題がいくつかある」ということになります。

「ボンジュール」「コマンタレブー」「サバ」のフランス語はこうできている!

さて、この章で最後に学ぶ基本動詞は aller です。「行
アレ
く」という意味ですが、いろいろな使われ方をします。

例えば、フランス語をまったく知らない人でも、フランス語の挨拶といえば、「ボンジュール」と「コマンタレブー」という言葉くらいは聞いたことがあるでしょう。

まずは「ボンジュール」。Bonjour. と書きます。bon
という形容詞はもう 77〜78 ページでやりましたね。「良
い」という意味です。後半の jour のほうは「一日」と
いう意味なので、あわせて「良い一日を」ということに
なり、「こんにちは」という挨拶として使われています。

ちなみに、jour からできた言葉に journal がありま
す。「1 日ごとに出るもの」「1 日ごとに書くもの」とい
う意味から、「新聞」と「日記」の両方の意味になります。
journal を仕事にする journalist を英語読みにすれば
「ジャーナリスト」となって、「新聞記者」「報道関係者」
ということになるわけです。

さて、bonjour は日本では「ボンジュール」といいま
すが、より正確なフランス語の発音では「ボンジュル」
と音は伸びません。

この bon が付く挨拶の言葉はほかにもいくつかあり
ます。

Bonsoir.
ボンスワル

日本語では普通「ボンソワール」というカタカナ言葉
で知られています。soir は「夕方、晩」の意味ですが、
bonsoir はかならずしも「こんばんは」という意味だけ
ではなく、午後 4 時くらいから「良い夕方をお過ごしく

第3章 セシボン、ケスクセ、コマンタレブー　115

ださい」というニュアンスでも使われます。

Bonne nuit.
ボヌ　　ニュイ

これは、形容詞の bon が nuit（夜）という女性名詞に付いて bonne という女性形になった表現です。
ボヌ
bonjour、bonsoir はよく使われるので1語になりましたが、bonne nuit は2語のままです。意味は就寝前の「おやすみなさい」ということになります。

さて、「コマンタレブー」はどうか？　これはフランス語ではこう書きます。

Comment allez-vous ?
コマン・タレ　　　ヴ

発音はこれまでやった規則でできるはずですが、comment の読まない語尾の t が allez とリエゾンして、「コマン・タレ」となっているところは注意してください。それと、vous の正しい発音は「ヴ」であって、「ブー」ではありません。

vous の意味はすでにやりましたね。95ページで、vous は2人称複数の主語であり、「君たちは〜」の意味のほかに、「あなたは〜」「あなたがたは〜」という敬語

的な意味も持つと申しあげました。そして、Comment allez-vous？の vous は、「あなたは〜」という敬語的な意味で使われているのです。

　また、comment は、英語でいえば how に当たる単語です。つまり、「どのように」という意味の疑問詞です。

　そして、allez という単語は、重要な基本動詞 aller（行く）の活用形で、vous という主語にたいする現在形なのです。つまり、vous allez は「あなたは行く」という意味です。

　ただし、vous の語尾の s が、avoir（持つ）の活用である vous avez のときに「ヴ・ザヴェ」とリエゾンしたように、この aller（行く）の場合も、vous allez とリエゾンします。

　それから、103ページで、疑問文を作るときには、イントネーションで語尾を上げるやり方のほか、主語と動詞を倒置する方法があるといいました。そして、それについては、機会があったら説明すると約束したのですが、ここでついにその機会が出てきたわけです。

　「あなたは行く」という意味の vous allez を、「あなたは行きますか？」という疑問文にするとき、主語と動詞を倒置して（その順番をひっくり返して）、allez-vous とします。ただし、**本来の主語＋動詞という語順を倒置**

したという印に、allez と vous のあいだに – というハイフンを置く必要があります。これが、主語と動詞の倒置による疑問文の作り方です。

　ですから、疑問詞の comment を最初に置いたあと、主語と動詞をひっくり返して、Comment allez-vous ？
コマン・タレ　　　　ヴ
となるわけです。

　意味は、直訳すれば、「どのようにあなたは行っていますか？」となりますが、人と会ったときの挨拶の表現として、「ご機嫌いかがですか？」「調子はどうですか？」という意味になるのです。

　Comment allez-vous ？と聞かれたら、とりあえず、

Je vais très bien.
ジュ　ヴェ　トゥレ　ビヤン

と答えておきましょう。je vais は aller の 1 人称単数
ジュ　ヴェ
の活用の形で、「私は行く」の意味です。

　très bien もカタカナ言葉で「トレビヤン」といえば聞いたことがありますよね。

　très は英語でいえば very に当たる「非常に」という副詞です。bien は「よく、うまく」という副詞であると同時に、「具合がいい」という意味の形容詞でもあります。

　カタカナ語の「トレビヤン」の場合は、「非常にいい」

という形容詞的な意味で使われているのです。

　いっぽう、Je vais très bien. の bien は、「よく」という意味の副詞で、これに très（非常に）というもうひとつの副詞がかかって、「非常によく」という意味に強まっているわけです。直訳すれば、「私は非常によく行っている」ということになり、Comment allez-vous ?（調子はどうですか？）という質問にたいして、「私の調子はとてもいいです」と答えていることになります。

　もちろん、調子のよくない日だってあるわけですが、多くの場合は Comment allez-vous ? にたいして、Je vais très bien. と答えるのが普通です。

　私たち初心者は、もちろん Je vais très bien. と答えるべきです。「このところちょっと胃の具合がよくなくて」などと答えるフランス語を知らないからです。

　それでも、「とてもいい調子」と答えるのに躊躇してしまう人は、強めの très（とても）をとって、Je vais bien.（まあいい調子です）くらいに答えておけばいいでしょう。

　フランス語の挨拶の表現といえば、もうひとつ、Bonjour. や Comment allez-vous ? と並んで頻繁に使用される表現に、

Ça va ?
サ ヴァ

というのがあります。

相手から Ça va ？と語尾を上げるイントネーション
サ ヴァ
で尋ねられたら、こちらは、語尾を下げるイントネーシ
ョン（普通の調子）で Ça va. と返せばいいので、じつ
に簡単です。また、Ça va ？は、Bonjour. や Comment
サ ヴァ
allez-vous ？より親しみのこもった感じを出せるのもい
いところです。機会があったら、ぜひやってみてくださ
い。

さて、ここで初めて出てきた ça という言葉は、「それ」
という意味の代名詞で、ここでは「それは」という意味
の主語に使われています。

va のほうは、さきほどから出てきた aller（行く）と
いう動詞の３人称単数の活用形です。つまり、ça va と
いうのは、直訳では「それは行く」ということですが、
「調子がいい」という意味で使われるのです。

したがって、Ça va ？― Ça va. という会話は、「調子
はいい？」「いいよ」という意味のやり取りで、親しみ
をこめた（くだけた）挨拶の決まり文句として使われる
のです。

aller（行く）の活用のまとめ

　je vais と ça va が出たので、ここで aller の現在形の活用をまとめてやっておきましょう。

　1人称単数はいまやりました。je vais です。意味は「私は行く」。

　2人称単数は、tu vas。意味は「君は行く」。

　3人称単数は、ça va でやった活用形を使います。つまり、il va と elle va になります。意味はそれぞれ、「彼は行く」「それ（男性名詞）は行く」と、「彼女は行く」「それ（女性名詞）は行く」。

　1人称複数は、nous allons。「ヌ・アロン」ではなく、リエゾンが起こっています。意味は「私たちは行く」。

　2人称複数も同じくリエゾンが起こります。すなわち、vous allez。意味は「君たちは行く」。あるいは、先ほど説明したように、vous を、相手にたいする丁寧な主語として使う場合は、2人称単数あるいは複数の意味になって、「あなたは行く」「あなたがたは行く」という意味を表します。

　3人称複数は、ils vont と elles vont。意味は、「彼らは行く」「それら（男性名詞）は行く」と、「彼女らは行く」「それら（女性名詞）は行く」です。

allerの活用のまとめは景気よく、「私はとても調子が
いい」「君はとても調子がいい」「彼はとても調子がいい」
……という文章で憶えることにしましょう。

Je vais très bien.
ジュ　ヴェ　トゥレ　ビヤン
Tu vas très bien.
テュ　ヴァ　トゥレ　ビヤン
Il va très bien.
イル　ヴァ　トゥレ　ビヤン
Elle va très bien.
エル　ヴァ　トゥレ　ビヤン
Nous allons très bien.
ヌ・ザロン　　　トゥレ　ビヤン
Vous allez très bien.
ヴ・ザレ　　　トゥレ　ビヤン
Ils vont très bien.
イル　ヴォン　トゥレ　ビヤン
Elles vont très bien.
エル　　ヴォン　トゥレ　ビヤン

復習問題

すらすら読めるだけでなく、
意味もいってみましょう!

　いろいろなフランス語の発音と意味が分かるようにな
りました。この調子で続けて行きましょう。

　それでは例によって復習です。これまで出てきた単語
や文章ばかりですから、すらすらと読めて意味がいえれ
ば合格です。

　引っかかるところがあった場合、この章をもう一度読

みなおしてから、復習問題をやりなおしてください。

je suis tu es il est elle est	(91〜93ページ)
nous sommes vous êtes ils sont elles sont	(94〜95ページ)
C'est si bon.	(99ページ)
C'est une parisienne.	(101ページ)
C'est un travail facile.	(101ページ)
C'est Jeanne.	(102ページ)
Jeanne d'Arc	(102ページ)
Jeanne Moreau	(102ページ)
Ce sont des gâteaux.	(102ページ)
Ce sont des gâteaux ?	(103ページ)
Qu'est-ce que c'est ?	(104ページ)
C'est un château.	(105ページ)
j'ai tu as il a elle a	(106ページ)
nous avons vous avez ils ont elles ont	(106〜107ページ)
Il a une maison.	(108ページ)
Tu as de la chance.	(109ページ)
Elles ont du courage.	(110ページ)
Il y a une maison.	(111ページ)
Il y a des garçons dans le parc.	(111ページ)

第3章 セシボン、ケスクセ、コマンタレブー **123**

Il y a de la sauce dans l'assiette.	(111 ページ)
Qu'est-ce qu'il y a ?	(112 ページ)
Il y a un grand parc.	(113 ページ)
Il y a des problèmes difficiles.	(113 ページ)
Bonjour.	(114 ページ)
Bonsoir.	(114 ページ)
Bonne nuit.	(115 ページ)
Comment allez-vous ?	(115 ページ)
Je vais très bien.	(117 ページ)
Je vais bien.	(118 ページ)
Ça va ? — Ça va.	(119 ページ)
Tu vas très bien.	(121 ページ)
Il va très bien.	(121 ページ)
Elle va très bien.	(121 ページ)
Nous allons très bien.	(121 ページ)
Vous allez très bien.	(121 ページ)
Ils vont très bien.	(121 ページ)
Elles vont très bien.	(121 ページ)

第4章 **動詞の90％をマスターする**
——動詞の活用、否定、命令など

フランス語のアルファベットを
カタカナで書けば l も r も「エル」

　章のタイトルからいきなり「動詞の90％をマスターする」とのこと。大きく出ましたね。この断言には真実と嘘が含まれています。

　この章で主に扱う動詞は、「第1群規則動詞」と呼ばれるものです。この名前だけでやりたくなくなりますね。

　別名「er動詞」といいます。読み方は「ウエル動詞」です。**この種の動詞の不定詞（原形）の語尾は必ず ~er になるので、e と r を合わせ、「ウエル動詞」というの**です。「ウ」と「エル」というのは、アルファベットの読み方です。

　フランス語ではアルファベットは alphabet と綴ります。英語とまったく同じです。ただし、綴りと発音の規則に従って、語尾の単独の子音は読まないので、「アルファベ」と発音します。

　そういえば、アルファベをやっていませんでしたね。ちょうどいいので、ここで学んでおきましょう。

　日本人でも a b c が「アーベーセー」というのは聞いたことがありますよね。でも、これは間違いなのです。28ページで、フランス語の発音の特徴を英語と比べました。

「英語の発音には、音楽用語でいうスラーがかかった感じがありますが、フランス語の発音は短い音を連ねるスタッカートのような印象をあたえます」と述べました。

そんなわけで、ａｂｃも「アーベーセー」と伸びることはなく、「ア・ベ・セ」になるのです。アルファベ26文字のなかに伸びる音はひとつもありません（ｒだけは「エール」と伸びる発音でもいいのですが）。

それでは、フランス語のアルファベを以下に列挙します。憶えてしまうのが望ましいのですが、分からなくなったら、このページで確認すればいいだけのことです。あせらないでいきましょう。

a	b	c	d	e	f	g
ア	ベ	セ	デ	ウ	エフ	ジェ
h	i	j	k	l	m	n
アシュ	イ	ジ	カ	エル	エム	エヌ
o	p	q	r	s	t	u
オ	ペ	キュ	エル	エス	テ	ユ
v	w	x	y	z		
ヴェ	ドゥブルヴェ	イクス	イグレク	ゼドゥ		

以上です。

ｌとｒが同じ「エル」という発音になっているのは、日本語では区別しようがないからです。英語でも、カタカナ表記ではｌとｒを区別することはできませんね。

フランス語のｌは、日本語で普通に「ラリルレロ」というときの子音です。ですから、フランス語で la li lu

le lo と書かれていたら、日本語の音で「ラ・リ・リュ・ル・ロ」となります。「リュ」と「ル」は、綴りと発音の規則からそうなることはもう何度もやりましたよね。

　いっぽう、r の発音については、すでに 40 ページで簡単に説明しました。「たとえていえば、うがいのときに喉を震わせて『グルルル』というときのあの震動音。あれを水なしで瞬間的に発するのです。初めて聞いたときには、『ル』というより、『グ』とか『ウ』とか聞こえるかもしれません」と書きました。

　r はフランス語の響きを決定づける独特の音ですが、フランス語に取りいれられたのは、そんなに昔のことではありません。

　17 世紀、ブルボン王朝の支配のもと（「太陽王」ルイ14 世がヴェルサイユ宮殿で栄華をきわめたころ）、宮廷文化の中心には貴婦人たちがいて、彼女たちはサロンを作って高尚な文化的会話を楽しんでいました。このとき貴婦人たちはイタリア風の巻き舌の r を下品だと嫌って、この庶民たちの r と差異化を図るため、気どった、喉で出す r を発明したのです……。

　という説明をむかし大学でフランス語の先生から聞いてずっと本当だと思っていたのですが、これはその先生が面白おかしく作ったフィクションのようです。17 世紀の後半か 18 世紀にイタリア風の巻き舌の r が喉で出

すrに変わったのは歴史的事実ですが、それが貴族階級から始まったのか、それともパリの庶民から始まったのかは、じつは決め手となる証拠が欠けているらしいです。

　ともかく、喉を鳴らすrがフランス語に定着したのは、たかだかいまから300年ほど前のことにすぎません。いまでも南仏のフランス人はイタリア風に巻き舌のrを使っています。ですから、rの発音が下手でもぜんぜんかまいません。私たちは外国人なのですから。

「フランス語動詞の90%」の真実と嘘の意味

　さて、本題の「フランス語の動詞の90%をマスターする」に戻ります。

　フランス語の動詞は、さまざまな活用のパターンによって60から90種類くらい（かなり大ざっぱですね）に分類されるのですが、そのなかには普通の人がほとんど使わない動詞もありますし、面倒なのでこの話はとりあえずやめましょう。

　しかし、まことに幸いなことに、それらの**動詞の90%ほどがer動詞で、その活用のパターンはすべて同一な**のです。ですから、er動詞の活用をマスターすれば、

フランス語の動詞の活用の90％はマスターできたこと
になります。

　ただし、頻繁に使う動詞の活用は er 動詞の活用のパ
ターンには当てはまらないことが多いのです。すでに学
んだ être も、avoir も、そのパターンには当てはまら
ない不規則な活用でした。aller という動詞の活用もや
りましたね。aller は、語尾が ~er になっているのに、
er 動詞の活用とはまったく異なる活用をします。

　さきほど、「動詞の90％をマスターする」という断言
には真実と嘘が含まれています、と申しあげました。

　たしかに、er 動詞がフランス語の動詞の90％を占め
ているので、er 動詞の活用をマスターすればフランス
語の動詞の活用の90％をマスターすることになる、と
いうのは一面の真実です。しかし、ふだん頻繁に使う動
詞は er 動詞でないことが多いのです。そういう動詞は
er 動詞の活用をしないので、違う活用を憶えなくては
なりません。したがって、er 動詞の活用のパターンを
憶えたからといって、フランス語でよく使われる動詞の
活用の90％をマスターできたことにはなりません。つ
まり、本章の表題である、フランス語の「動詞の90％
をマスターする」というのはその意味で嘘だということ
になります。

第4章　動詞の90％をマスターする　131

　でも、気を落とさないでください。まずは、フランス語でいちばんよく使われる er 動詞の活用のパターンを憶えてしまいましょう。そうすれば、ちょっと大げさ、いや、かなり誇大広告ではありますが、フランス語の動詞90％の活用パターンを一応マスターしたことになるのですから。

代表的な使わない活用「私は死ぬ」「君は死ぬ」「彼は死ぬ」…

　さて、具体的な例として、どの動詞を選びましょうか？こういうとき、決まって教科書に出てくる動詞は、chanter（歌う）とか、danser（踊る）ですが、日常会
シャンテ　　　　　　　　　ダンセ
話で「歌う」とか「踊る」なんて話をすることはそんなにありませんよね。外国人がフランスに行く場合、カラオケやディスコにいりびたるような遊び人は別ですが、「私はよく歌います」とか「私はいつも踊っています」とかフランス人と会話する機会はめったにないでしょう。

　そういえば、むかし、フランス語の文法入門の教科書で、こんな文例を見て啞然としたことがあります。

Où suis-je ?
ウ　スュイジュ

où というのは初めて出てきたフランス語ですが、英語でいえば where 、つまり「どこに」を意味する疑問詞です。

suis-je のほうは、91 ページで学んだことの応用です。
つまり、être の活用の最初に学んだ je suis（私は〜である）の倒置形（語順をひっくり返した形）なのです。文章の頭に où という疑問詞があり、疑問文になっているので、主語と動詞の倒置が起こったのです。être は、英語の be 動詞と同じように、「〜である」という意味と、「存在する、ある、いる」という意味があって、この例文では「いる」の意味で使われています。

ですから、例文の意味は「私はどこにいるのか？」という意味になります。この文章、たしかに「ここはどこですか？」の意味で使われることがないわけではありませんが、普通、「私はどこにいるのか？」なんていう人がいたら、ちょっとあぶないですよね。この例文を使用した文法教科書の著者は、文法にこだわるあまり、文章の意味や使う状況のことは考えなくなってしまったのでしょう。文法の教科書といえども、ほとんど使わない文章を例文として載せてはいけません。

そういえば、私もむかし mourir という動詞を教えるために、学生たちにこの動詞の活用を教室で唱和させた

ことがありました。

je meurs（私は死ぬ）、tu meurs（君は死ぬ）、il
meurt（彼は死ぬ）、elle meurt（彼女は死ぬ）……。た
しかに人間はみんな死ぬのですが。人のことはいえませ
んね。

parlerを使ってer動詞の活用を

さて、er動詞の何を使って活用を学ぶかという問題
でした。

chanter（歌う）やdanser（踊る）より普通によく
使う動詞があります。parlerです。意味は「話す、しゃ
べる」ということで、語学の勉強にはまことにふさわし
いし、日常会話での使用頻度もきわめて高いものです。
parlerでやってみましょう。

おっと、その前に、まだer動詞の不定詞（原形）の
読み方を説明していませんでしたね。

フランス語の綴りと発音の関係をやったとき、
careful の原則に触れました。つまり、単語の語尾に出
てくる単独の子音は原則として発音しないが、c、r、f、
l は発音することが多い、というものです。ところが、
動詞aller（行く）を初めて学んだとき（90ページ）、
この動詞の不定詞（原形）であるallerの場合、careful

の規則に反して、語尾にある r は発音しない、と申し
あげました。つまり、aller は「アレ」と発音します。
er 動詞の不定詞（原形）の場合も、aller と同じく、
chanter、danser、parler のように、語尾の r は発音
しません。
シャンテ　　　ダンセ　　　パルレ

　それでは、parler の活用をやってみましょう。

　　je parle　　「私は話す」
　　ジュ　パルル
　　tu parles　「君は話す」
　　テュ　パルル
　　il parle　　「彼は話す」
　　イル　パルル
　　elle parle「彼女は話す」
　　エル　　パルル

　主語が単数の場合は以上のようになります。動詞の活
用形の発音はすべてまったく同じです。ただし、tu の
ときだけ、動詞の語尾に s が付くのですが、発音はし
ません。まあ、簡単といっていいでしょう。それもその
はず、フランス人はみんな自然にこの活用をしているわ
けですから、難しいはずはないのです。
　次は、主語が複数の場合です。

　　nous parlons　「私たちは話す」
　　ヌ　　　パルロン
　　vous parlez　　「君たち（あなた／あなたがた）は話す」
　　ヴ　　パルレ
　　ils parlent　　「彼らは話す」
　　イル　パルル

elles parlent 「彼女らは話す」
エル　パルル

　ほかの活用パターンをとる動詞でも、**nous が主語の**
とき動詞の語尾が ~ons になり、**vous のときに** ~ez に
　　　　　　　　　　オン　　　　　　　　　　　　　エ
なるケースがほんどを占めています。ですから、この
nous ＋ ~ons と vous ＋ ~ez という活用の形を基本形と
して憶えておいてください。

　問題は、ils parlent、elles parlent の場合です。この
　　　　　　イル　パルル　　　　エル　パルル
ケースでは、動詞の語尾に ent が付いているのに、け
っして読みません。したがって、この活用形の発音は、
単数である je、tu、il、elle が主語の場合とまったく
変わらないのです。

　そして、**動詞の３人称複数の活用形の語尾は、ほとん**
どの場合、 ~ent **になります。** ですから、ils ＋ ~ent、
elles ＋ ~ent **の活用で、動詞の語尾の** ent **は絶対に発**
音しない、 ということを重要な原則として憶えておいて
ください。

　例文をやってみましょう。

Ils parlent le français en France.
イル　パルル　　ル　　フランセ　アン　フランス

初めて出てきた単語が２つ。１つ目の français は「フ

ランスの」という意味の形容詞でもあり、「フランス語」という男性名詞でもあります。ここでは、定冠詞の le が付いているので「フランス語」のほうです。

また、en は、そのあとに場所を表す名詞が来ることの多い前置詞で、「〜において、〜で」という意味です。英語でいえば、in に近い働きをします。

それから、parler という動詞は、単に「話をする、おしゃべりをする」という意味で単独で使うこともできますし、この例文のように、後ろに目的語（この場合は le français）を付けて、「〜を話す、〜をしゃべる」というように使うこともできます。前者のように**単独で使うとき、動詞は「自動詞」と呼ばれ**、後者のように**目的語を従える場合、動詞は「他動詞」**と呼ばれます。

というわけで、例文の意味は、「彼らはフランスでフランス語を話す」。

例文をもうひとつやってみます。

Nous dansons souvent dans une boîte.
ヌ　　　　ダンソン　　　スヴァン　　　ダン・ズュヌ　　ブワトゥ

初めて出てきた単語 boîte は「クラブ、ディスコ」の意味で、oî という綴りはアクサンとは関係なく oi と同じ発音になります。

もうひとつ、初出の souvent は「しばしば」という

意味の副詞です。

　dans はすでに 111 ページでやった「〜のなかに、〜のなかで」という意味の前置詞ですね。ですから、全体の意味は、「私たちはあるクラブでよく踊る」となります。

neとpasで挟めば否定形になる

　動詞の表現といえば、否定形というものがあります。ふだん私たちは、「彼はフランス語をしゃべる」という表現にたいして、当たり前のように「彼はフランス語をしゃべらない」という否定表現を使います。しかし、この否定は、人間の使う言語に特有のものであって、自然現象には否定は存在しません。

　「彼はフランス語をしゃべる」という肯定の表現ならば、その内容を現実として表すことは可能です。例えば、映画だったら、ひとりの男性を映して、その人物にフランス語をしゃべらせればいいのです。

　しかし、「彼はフランス語をしゃべらない」という事実を映画で表現することはできません。話をしない男性を映しても、「彼は黙っている」という事実を表しているだけで、「彼はフランス語をしゃべらない」という否定的事実を表現したことにはならないからです。

　現実の世界には、「彼は日本語をしゃべる、英語をし

ゃべる、中国語をしゃべる……」という事実はありえますが、「彼はフランス語をしゃべらない」ということは、事実として存在しているわけではありません。それはあくまでも言語表現のなかにしか存在しない現象なのです。

　ですから、否定というのは言語の本質に関わる表現の形なのですが、それはこの際ちょっと置いておきましょう。それほど特殊な性質を持つ言語の否定表現ですが、外国人である私たちもフランス語で簡単に否定の表現を作ることができます。

　動詞を ne と pas で挟めばいいのです。
　これまで学んだ文例を使ってやってみましょう。

Ce n'est pas un travail facile.
ス　ネ　　パ　アン トゥラヴァユ ファスィル

C'est un travail facile. の否定ですね。意味は、「これは簡単な仕事ではない」。

　ただ、動詞の est を ne と pas で挟むために、主語の Ce と est が分離し、est を ne と pas で挟んだ際に、98ページでいったように、ne はそのあとに母音で始まる単語が来ると、エリジオン（母音字省略）が起こって、est とくっついて n'est になってしまうのです。

　あるいは、

Je ne vais pas très bien.
ジュ ヌ ヴェ パ トゥレ ビヤン

117 ページで出てきた表現の否定です。意味は、「私の調子はとてもいいわけではない」→「私は調子があまりよくない」、ということになります。

もうひとつ。

Ils ne parlent pas le français en France.
イル ヌ パルル パ ル フランセ アン フランス

さっき学んだばかりの表現の否定ですね。意味は、「彼らはフランスでフランス語を話さない」ということになります。

要するに、**動詞を ne と pas で挟めば、否定の表現になる**わけです。

命令するのは意外に簡単！
── er 動詞の場合

動詞の使い方の締めくくりとして、命令法をやってみましょう。

フランス語には、人称の違いによって命令法が3つあります。tu にたいする命令法と、nous にたいする命令

法と、vous にたいする命令法です。

　命令法の作り方は簡単で、それぞれの人称の活用をしたあと、主語をとって動詞だけにしてしまえばいいのです。

　つまり、er 動詞の parler を例にとれば、tu parles（君は話す）の tu をとって、単に Parle. といえば、「君」にむかって「話しなさい」という命令法になるのです。

　ただし、活用形がちょっと変化していることに気づいた方は素晴らしくいい勘をしています。命令法のとき、動詞の活用形は、parles から s が落ちて parle になるのです。しかし、発音はまったく変わりません。

　次に、nous の場合ですが、「私たち」にたいする命令法とはどんなものでしょうか？　これは「〜しましょう」という意味になるのです。英語では we(us) にたいする命令法がないので、let's(let us) という表現を使って「〜しましょう」といいますが、フランス語では、動詞の活用形だけで大丈夫です。

　つまり、nous parlons（私たちは話す）の nous をとって、単に parlons といえば、「話をしましょう」という意味になるのです。この場合は、語尾の s はそのままです。

　そして、vous にたいする命令法も作り方は同じです。vous parlez の vous をとって parlez といえば、vous

にむかって「話しなさい」という命令法になります。

　ただし、95ページで、vous は「君たちは」という2人称複数の意味だけでなく、2人称単数あるいは複数を丁寧にいう敬語的な表現、つまり「あなたは」「あなたがたは」という意味にもなる、と説明しました。

　したがって、命令法の parlez も、「君たち」にたいする「話しなさい」という命令にもなりますし、「あなた」「あなたがた」にたいする丁寧な「話してください」という命令にもなるのです。そのどちらであるのかは、会話の文脈で明らかになるので、混乱することはありません。とりあえず、「君たち」と「あなた」と「あなたがた」、どれかの命令になるのね、と軽く考えておいてください。

　命令法は以上です。

　ほかの例を挙げれば、chanter（歌う）の場合も、命
　　　　　　　　　　　　　シャンテ
令法は以下の3つになります。

chante
シャントゥ
chantons
シャントン
chantez
シャンテ

　意味は、順番に、「歌いなさい」「歌いましょう」「歌いなさい／歌ってください」ということになります。

　er動詞の場合、命令法の活用はすべて上記のように

なります。

フランス人にむかって命令することは
ないかもしれないけれど、
不規則動詞もちょっとだけ

　これまで学んできた、活用が不規則な動詞、つまり、
être とか avoir の場合には、命令法はまったく違った
エトゥル　　　アヴワル
ものになります。念のため一応やっておきましょう。忘
れてしまってもかまいません。また出てくることがあれ
ば注意しますが、もうこの本には2度と出てこないでし
ょう。外国人がフランス語の初級を学んでフランスに行
ったとしても、フランス人にむかって「〜しなさい」と
いうようなケースはあまり考えられないからです。
　まず、être（〜である）の場合。
エトゥル

　sois
　スワ
　soyons
　スヴィヨン
　soyez
　スヴィエ

　となります。
「〜である」の命令法というと、「〜であれ」というこ
とですが、使い方としては、形容詞と一緒にこんなふう

第4章　動詞の90％をマスターする　143

に用いるのが普通です。

Soyez tranquille.
スワィエ　トゥランキル

tranquille というのは、「心が落ち着いている」とい
トゥランキル
う意味の形容詞です。精神安定剤のことを「トランキラ
イザー」といいますが、語源はそれと同じです。ですか
ら、例文の意味は、「落ち着いてあれ→落ち着いてくだ
さい」ということになります。そして、形容詞
tranquille に複数形を表す s が付いていないので、相手
は単数で、丁寧な命令なのだな、と分かるわけです。
　次は avoir（持つ）の命令法です。
アヴワル

aie
エ
ayons
エィヨン
ayez
エィエ

　意味は、順に、「持ちなさい」「持ちましょう」「持ち
なさい／持ってください」となります。例えば、使い方
はこんなふうになります。

Ayons du courage.
エィヨン　デュ　クラジュ

110ページで Elles ont du courage. という表現をや
りました。意味は「彼女たちはいくらかの勇気を持つ」。
エル・ゾン　デュ　クラジュ
つまり、avoir du courage という表現は、「勇気がある」
アヴワル　デュ　クラジュ
という意味になるのですね。ですから、いまの例文では、
その慣用的な表現を命令法にしたわけです。意味は、「勇
気を出しましょう」ということになります。

最後に aller（行く）の命令法をやっておきましょう。
アレ

va
ヴァ
allons
アロン
allez
アレ

おや、これは意外に簡単でしたね。120ページでやっ
た aller の現在形の活用から、主語の tu 、nous 、vous
をとっただけです。ただし、tu vas の vas から s がと
テュ　ヴァ
れています。er動詞の命令法を学んだとき、tu parles
テュ　パルル
の parles から s がとれたのと同じです。
　aller の命令法の例文を見てみましょう。

Va à la gare.
ヴァ ア ラ ガル

à は、英語でいえば to に当たる前置詞。つまり、「〜

へ」の意味です。gare は「駅」のことで、女性名詞なので la という定冠詞が付いています。ということは、会話をしている人間（je と tu）のあいだでは、「あの駅」と了解されていることになります。「あの駅」のことだと定まっているので定冠詞が使われているのです。ですから、意味としては、「君」にたいして「私」が、「（あの）駅へ行ってくれ」と命令しているわけです。

復習問題

フランス語にかなり慣れたのでは？すらすら発音でき、意味も分かったら次の章へ

　フランス語の動詞の基本はここまでです。お疲れさまでした。でも、もうかなりフランス語に慣れた感じがしますね。

　最後は例によって、復習問題です。全部やったことばかりですので、以下の文章をすべてすらすらと発音でき、意味が分かれば、次の章に進んでください。

　では、やってみてください。

---

alphabet　　　　　　　　　　　　　　　　　　　（126 ページ）

a b c d e f g h i j k l m n o p q r s t u v w x y z	(127 ページ)
Où suis-je ?	(131 ページ)
je meurs tu meurs il meurt elle meurt	(133 ページ)
je parle tu parles il parle elle parle	(134 ページ)
nous parlons vous parlez ils parlent elles parlent	(134 〜135 ページ)
Ils parlent le français en France.	(135 ページ)
Nous dansons souvent dans une boîte.	(136 ページ)
Ce n'est pas un travail facile.	(138 ページ)
Je ne vais pas très bien.	(139 ページ)
Ils ne parlent pas le français en France.	(139 ページ)
chante chantons chantez	(141 ページ)
sois soyons soyez	(142 ページ)
Soyez tranquille.	(143 ページ)
aie ayons ayez	(143 ページ)
Ayons du courage.	(143 ページ)
va allons allez	(144 ページ)
Va à la gare.	(144 ページ)

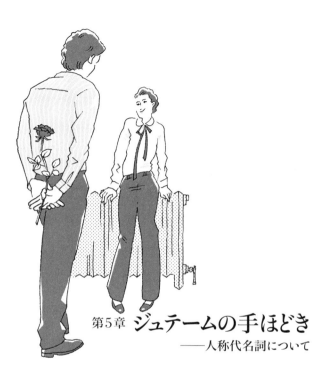

第5章 ジュテームの手ほどき
—— 人称代名詞について

さまざまなaimer（愛してる）のかたち

　フランス語ができなくても、「ジュテーム」という言葉を聞いたことのある人は多いでしょう。フランス語で「愛している」という意味です。フランス語にはなんとなく「愛を語るのにふさわしい言葉」というイメージがあるので、「ジュテーム」というフランス語の表現が外国人にも知られているのでしょう。

　本章ではこの「ジュテーム」を出発点にして、前章で扱った動詞の問題をひき継ぎながら、「人称代名詞」の使い方を整理していくことにします。

　まず、「ジュテーム」は、フランス語でこう書きます。

　Je t'aime.
　ジュ　　テム

　je はすでに何度も出てきたとおり、「私は」を意味する主語の代名詞ですが、次の t'aime は見たことがありませんよね。これは、t' と aime という異なる単語がくっついたものです。

　t' の元の形は te。これは「君を」を意味する代名詞で、目的語として使います。ずいぶん前に24ページと98ページで触れたことがあるのですが、憶えていらっしゃるでしょうか？　この te は、あとに母音で始まる単語

第5章　ジュテームの手ほどき　149

が来ると、t' という形になって母音の e が省略され、
あとの単語とくっついてしまうのです。これを「エリジ
オン」（母音字省略）といいましたね。そんなわけで、
あとに来る aime とくっついて　t'aime になってしま
ったのです。

　それでは、この aime は何か？　といえば、これは前
章で徹底的に学んだ er 動詞のひとつである aimer の、
1 人称単数の je にたいする活用形です。復習の意味も
こめて、aimer の活用をやってみましょう。

　　j'aime
　　ジェム
　　tu aimes
　　テュ　エム
　　il aime
　　イレム
　　elle aime
　　エレム
　　nous aimons
　　　ヌ・ゼモン
　　vous aimez
　　　ヴ・ゼメ
　　ils aiment
　　イル・ゼム
　　elles aiment
　　エル・ゼム

　動詞の活用の部分だけを見れば、たしかにこれまでさ
んざんやった er 動詞の活用形とまったく同じですね。
もちろん、活用語尾の発音の仕方も変わりありません。
ところが、この aimer という動詞は母音で始まってい

るために、主語の代名詞とさまざまな形でくっついてしまっています。そのため、発音もちょっと面倒なことになっているのです。順に説明していきましょう。

まず j'aime です。これは普通なら、je aime という活用になるはずですが、je はあとに来る単語が母音で始まるものだと、j' という形になってその単語とくっついてしまいます。さっきやった je t'aime の t' と同じで、「エリジオン」（母音字省略）が起こる単語なのです。それで、je aime ではなくて、j'aime となります。

次の tu aimes はなんの問題もありません。前にやった er 動詞の活用の規則どおりです。

続いて il aime も形のうえでは er 動詞の活用の規則どおりですが、発音は「イル・エム」ではなく、il の語尾の l が、あとに来る aime の最初の母音とつながって発音されるので、「イレム」となります。こういう発音の仕方もすでに 93 ページで学びました。そう、「アンシェヌマン」（つながり）といいましたね。

さらに、主語が複数になる nous aimons、vous aimez、ils aiment、elles aiment の場合、nous、vous、ils、elles の語尾の s は発音されないのが原則ですが、あとに母音で始まる単語が来ると、それとくっつき、しかも z の音になって発音されるのです。この、本来発音されない子音があとの母音とくっついて発音さ

れてしまうケースは「リエゾン」（連係）といいます。「リエゾン」は 67 ページでやりました。

したがって、「ヌ・エモン」「ヴ・エメ」「イル・エム」「エル・エム」ではなく、「ヌ・ゼモン」「ヴ・ゼメ」「イル・ゼム」「エル・ゼム」という発音になるのです。

これでようやく、je t'aime という言葉のなりたちが
ジュ テム
分かりました。**主語の je ＋目的語の te（t'）＋動詞の aime という構成**で、意味は、「私は君を愛している」ということになります。

ただ、日本語で「私は君を愛している」といった場合、どうしても愛している主体は男性のように思われます。

主体が女性の場合、日本語では「私はあなたを愛している」というほうが普通でしょう。

しかし、フランス語ではそういう性による言葉づかいの区別はありません。主語は、男性であろうと女性であろうと je ですし、目的語も、女性であろうと男性であろうと、te になります。

「私は君に1輪のバラをあげる」の
「1輪のバラを」が直接目的、
「君に」が間接目的

さて、ここで、こうした主語や目的語になる代名詞をまとめておきましょう。

本書の第3章の初めで、動詞の活用形は、主語によって決まること、その主語には基本的に6つの形（人称）がある、と申しあげました。

つまり、1人称単数（私）、2人称単数（君）、3人称単数（彼、彼女、それ）、1人称複数（私たち）、2人称複数（君たち、あなた、あなたがた）、3人称複数（彼ら、彼女ら、それら）です。

いま「人称」という言葉を使いましたが、こうした、**1人称単数から3人称複数まである代名詞を一括して「人称代名詞」**と呼んでいます。この人称代名詞には、主語になるものがあり、それらは、すでに学んだ je、tu、il、elle、nous、vous、ils、elles となります。

一方、je t'aime に出てきた te（エリジオンして t' になっていますが）のように、**主語ではなく目的語になると、人称代名詞は形が変わります。**

もうひとつ重要なことは、**目的語には、直接目的と間接目的という異なる2種類がある**ということです。

je t'aime の te は「君を」という意味で、直接目的語です。

それでは、間接目的語はどうなるか？　というと、「君に」ということになります。

例えば、「私は君に1輪のバラをあげる」という文章の場合、フランス語では、

Je te donne une rose.
ジュ　トゥ　ドヌ　　ユヌ　　ロズ

となり、je は主語で「私は」の意味、te が間接目的語で「君に」の意味になります。

おや、ちょっと混乱してきましたね。

je t'aime の te は「君を」という直接目的語なのに、je te donne une rose のときの te は「君に」という間接目的語である、と。

そうなのです。te は直接目的にも間接目的にも使えるのです。しかし、「君を」と「君に」という言葉を同じ文章のなかで使うことは絶対にありません。だから、混乱することはないので心配は無用です。

というわけで、先に進みますね。

さて、いま挙げた例文で出ている donne は動詞で、「あげる、あたえる」の意味ですが、この動詞の不定詞（原形）は donner で、これまでやってきた er 動詞です。

その動詞の1人称単数の主語（je）に対応する活用形が
donne となることももう分かっていますね。

　最後の une rose が直接目的です。rose（バラ）は女
性名詞なので、une rose は「1つのバラ」を表し、こ
の場合は「1つのバラを」という直接目的として使われ
ていることになります。

　このように、une rose は「1つのバラを」という意
味で直接目的として使う場合にはそのまま動詞のあとに
置けばいいのですが、「1つのバラに」という意味で間
接目的として使う場合には à という前置詞（英語の to
に当たる）を付けて、à une rose とする必要があります。

　例えば、「私は1輪のバラに水をあげる」という場合、
フランス語ではこうなります。

Je donne de l'eau à une rose.
ジュ　ドヌ　ドゥ　ロ　ア ユヌ　ロズ

　je は主語、donne は動詞。ここまではいいですね。
そして、最後の部分は、いまいった、「1つのバラに」
という意味で間接目的として使う場合の à une rose で
す。

　となると、残った de l'eau が「水を」という意味の
直接目的であると推測されるわけです。じっさい、これ
が直接目的です。

第5章　ジュテームの手ほどき　155

　ここに出てきた eau を憶えている方がいるとしたら、その方の記憶力はまことに賞賛に値します。綴りと発音の関係を学んだ第1章の、eau は字が3つもあるが「オ」としか発音しないと説明したところで（31ページ以降）、eau は単語として「水」の意味もあり、オーデコロンとかオードトワレというときの「オー」はこの eau のなまった形で、「化粧水」の意味なのだと申しあげました。そう、eau は「水」なのです。

　それでは、その単語の前についている de l' は何かというと、これもずいぶん前に、72ページでやった部分冠詞の女性形である de la が変形したものです。de la は2つの部分に分かれていますが、これで1つの単語として扱うといいました。

　部分冠詞は数えられない名詞に付いて「いくらかの」という意味を表すものでしたね。「水」は数えられないので、「いくらかの水」とか「水をちょっと」とかいいたいときには、部分冠詞を付けるのです。

　そして、この de la は、さっき出てきた je や te と同じく、あとに母音で始まる単語が来ると、de l' という形になってその単語とくっついてしまうのです。おなじみのエリジオン（母音字省略）です。というわけで、de l'eau は名詞に部分冠詞が付いたもので、意味は「いくらかの水」ということになります。

この de l'eau が直接目的で、「いくらかの水を」の意味になります。

これにたいして、une rose を間接目的として「1つのバラに」の意味にするためには、前置詞の à を付けて à une rose とする必要があるのです。

つまり、**名詞（冠詞も名詞の一部と考えてください）はそのまま直接目的語にすることができるのですが、間接目的語にするためには前置詞の à を付けなければいけない**ということです。

「～は…を愛する」の組みあわせ

しかし、名詞ではなく、人称代名詞の場合は初めから、主語、直接目的、間接目的の形が決まっています。人称代名詞で直接目的と間接目的の形がきちんと決まっていることもフランス語の特徴です。英語ではそのあたりがかなりいい加減ですが（またまた失礼）。

それから、「人称」代名詞といっていますが、物（男性名詞、女性名詞）を受ける代名詞の「それ」「それら」も人称代名詞に入りますので、注意してください。

それでは、くり返しになりますが、まずは人称代名詞の主語の場合を確認しておきましょう。

第5章　ジュテームの手ほどき　157

単数	1人称	je ジュ	私は
	2人称	tu テュ	君は
	3人称	il イル	彼は／それ[単数の男性名詞]は
		elle エル	彼女は／それ[単数の女性名詞]は
複数	1人称	nous ヌ	私たちは
	2人称	vous ヴ	君たちは／あなたは／あなたがたは
	3人称	ils イル	彼らは／それら[複数の男性名詞]は
		elles エル	彼女らは／それら[複数の女性名詞]は

続いて、人称代名詞が直接目的語になる場合です。

単数	1人称	**me** ム	私を
	2人称	**te** トゥ	君を
	3人称	**le** ル	彼を／それ[単数の男性名詞]を
		la ラ	彼女を／それ[単数の女性名詞]を
複数	1人称	**nous** ヌ	私たちを
	2人称	**vous** ヴ	君たちを／あなたを／あなたがたを
	3人称	**les** レ	彼らを／彼女らを／それらを

　人称代名詞の直接目的語の使い方はすでに je t'aime
でやりました。ですから、同じようにして、t' の代わり
にいま列挙した直接目的語を入れていけば、「私は〜を
愛する」という表現ができるのです。

　しかし、ちょっと見たところ、いま出てきた le、
la、les は、69 〜 70 ページで学んだ定冠詞と同じ形で
すし、nous と vous は「私たちは」「君たちは」という
主語と同じです。混乱は起こらないのでしょうか?

　大丈夫。使うケースが異なるので、混乱することはけ
っしてありません。かならず、どちらとして使われてい
るか分かります。もしも分からないようだったら、フラ
ンス人自身が不便で仕方ないからです。どうか心配しな

いでください。

　まずは、単数の直接目的 me 、 te 、 le 、 la の使い方です。この４つの直接目的の人称代名詞の場合には、エリジオン（母音字省略）が起こります。つまり、こうです。

　Je m'aime.
　ジュ　メム
　Je t'aime.
　ジュ　テム
　Je l'aime.
　ジュ　レム
　Je l'aime.
　ジュ　レム

　最初の例文は、「私は私を愛する」となり、普通は使いません。使ったとしても、かなりばかげたナルシストのセリフになりますが、まあいいでしょう。いやむしろ、人間の真実をいい当てているかもしれません。

話題のLGBTにまつわる会話を
フランス語でするとこうなる!?

　それはともかく、問題は je l'aime の場合です。これらの文章だけを見たのでは、l' が le なのか la なのか分かりませんよね。しかし、ひとつの文章にはかならずそれが発せられたり書かれたりする文脈があるので、間違

うことはありません。むしろ、次のような会話ではその誤解の余地をわざと楽しんでいるといえるでしょう。会話者のＡは男性でも女性でもいいのですが、Ｂは男性だと考えてください。

　A：Tu l'aimes ?
　　　テュ　　レム
　B：Oui, je l'aime.
　　　ウィ　ジュ　レム
　A：Ah, tu aimes Jeanne !
　　　アー　テュ　エム　　ジャヌ
　B：Non, j'aime Jean.
　　　ノン　ジェム　ジャン

　いましばしば話題になるLGBT（レスビアン・ゲイ・バイセクシュアル・トランスジェンダー）に関わる会話です。しかし、これは、日本語に翻訳するのはけっこう難しい会話です。なぜなら、最初の Tu l'aimes ? の l' と、次の je l'aime の l' を、最初は性別が分からないように訳す必要があるからです。Ａを女性、Ｂを男性として、日本語に訳してみます。

「あの人を愛してるのね？」
「ああ、愛してるんだ」
「まったく、あなたがジャンヌを愛してるだなんて！」
「いや、僕が愛しているのはジャンだ」

第5章　ジュテームの手ほどき　161

　この会話のすれ違いの滑稽さはなんとか日本語にすることができましたが、tu l'aimes、je l'aime、tu aimes、j'aime という単純なくり返しのリズムの面白さは日本語ではまったく伝えることができません。読者のみなさんに私の試訳よりもしゃれた日本語訳を考えていただきたいと思います。

目的語が名詞のときと代名詞のときでは動詞にたいする位置が変わる

　続いて、人称代名詞の複数形の直接目的語 nous、vous、les の使い方です。
　このなかで、les の場合、これまで主語の人称代名詞にあった男女および男性名詞と女性名詞の区別がなくなっていることに気づきます。les ひとつで、男女の区別、また男性名詞と女性名詞の区別を気にすることなく直接目的として使えるのです。ちょっと気が楽になりますね。
　実際に、nous、vous、les を使ってみましょう。ただし、「私」が nous（私たち）を愛するという文例は不自然なので、この先は主語を je ではなく、il に変えてやります。

Il nous aime.
イル　ヌ・ゼム

Il vous aime.
イル　ヴ・ゼム
Il les aime.
イル　レ・ゼム

　意味は、「彼は私たちを愛する」「彼は君たち（あなた／あなたがた）を愛する」「彼は彼ら（彼女ら／それら）を愛する」ということになります。

　ただし、nous、vous、les の語尾の、本来は発音されない s があとに来る単語の母音とくっついて、z として発音されています。そう、リエゾンが起こるのです。

　これで、人称代名詞の直接目的語の使い方はおしまいですが、非常に重要な特徴に気づかれた方もいるのではないかと思います。

　つまり、**直接目的が名詞のときは**、tu aimes Jeanne とか、j'aime Jean のように**動詞のあとに来るのに、直接目的が代名詞になった場合は** je t'aime や il vous aime のように**動詞の前に来る**のです。これはフランス語の文章のなりたちの最も重要な原則のひとつです。この原則は、次に学ぶ間接目的の代名詞の場合にも適用されます。つまり、目的語の代名詞はすべて動詞の前に来るのです。

第5章　ジュテームの手ほどき　163

直接目的を人称代名詞にすると

　その前に、間接目的の人称代名詞を整理しておきましょう。

単数	1人称	**me** ム	私に
	2人称	**te** トゥ	君に
	3人称	**lui** リュイ	彼に／彼女に／それに
複数	1人称	**nous** ヌ	私たちに
	2人称	**vous** ヴ	君たちに／あなたに／あなたがたに
	3人称	**leur** ルル	彼らに／彼女らに／それらに

　また同じ言葉が使われています。まず me と te は、直接目的語の「私を」「君を」のときにも使われていました。

　そして、nous と vous に至っては、主語の「私たちは」「君たちは（あなたは／あなたがたは）」に使われていただけでなく、直接目的語の「私たちを」「君たちを（あなたを／あなたがたを）」にも使われ、これで3回目です。本当に大丈夫なのでしょうか？　大丈夫です。

じつは、主語の nous 、vous と、直接（間接）目的
の nous 、vous が同じ文章で使われることもあるので
す。しかし、その場合でも、文章が混乱することはあり
ません。しつこいようですが、そんなことがあったらフ
ランス人自身が困るからです。大丈夫、私を信じてつい
て来てください。

　そんな小さいことを気に病むより、直接目的・間接目
的の人称代名詞の使い方をじっさいにやってみましょ
う。そのほうが精神衛生上もいいですよ。

　すでに学んだ例文のなかに、間接目的と直接目的が両
方出てくる文章がありましたね（153 ページ）。それを
使ってみましょう。

Je te donne une rose.
ジュ トゥ　　ドヌ　　ユヌ　ロズ

「私は君に 1 輪のバラをあげる」の意味でした。直接目
的の une rose は名詞なので（冠詞は名詞を修飾するひ
とつの要素と見なしてください）、この名詞グループ（冠
詞＋名詞）は動詞のあとに来ますが、間接目的語「君に」
の te は代名詞なので、動詞の前に来ているのです。

　もうひとつ、さっき例に挙げた文章がありました（154
ページ）。

第 5 章　ジュテームの手ほどき　165

Je donne de l'eau à une rose.
ジュ　ドヌ　ドゥ　ロ　ア　ユヌ　ロズ

「私はいくらかの水を 1 輪のバラにあげる」。de l'eau が直接目的、à une rose が間接目的です。

　まずは直接目的を人称代名詞にしてみます。de l'eau は女性名詞に部分冠詞が付いた形なので、単数の女性名詞と見なして、その直接目的の代名詞ですから、la になります。それが、代名詞なので動詞の前に来るわけです。

Je la donne à une rose.
ジュ　ラ　ドヌ　ア　ユヌ　ロズ

「私はそれを 1 輪のバラにあげる」ということになります。

間接目的を人称代名詞にすると

　次に、間接目的を代名詞にしてみましょう。**間接目的とは、前置詞の à も含んだ形をいうので**、à une rose が間接目的です。そして、rose は女性名詞の単数ですが、間接目的の場合には、女性名詞と男性名詞の区別なく、単数の名詞はすべて lui という代名詞になります。

　そして、代名詞はすべて動詞の前に来るのが原則なの

で、

Je lui donne de l'eau.
ジュ リュイ　ドヌ　ドゥ　ロ

「私はそれにいくらかの水をあげる」というわけです。

　それでは、直接目的と間接目的を両方とも代名詞にすることはできるのか？　と聞きたくなる方もいるでしょう。それは場合によるのです。つまり、できる場合もあるし、どうしても直接目的か間接目的の片方しかできない場合もあるのです。

　それでは、いまやった Je donne de l'eau à une rose. の場合はどうなのだ？　しつこいですね。この場合はできます。ただし、間接目的の代名詞と直接目的の代名詞の語順が規則に従って決まっているので、

Je la lui donne.
ジュ ラ リュイ　ドヌ

「私はそれをそれにあげる」となります。

　いま「間接目的の代名詞と直接目的の代名詞の語順は規則に従って決まっている」といいましたが、これはちょっとだけ面倒な規則なので、ここでは深入りしません。

　どうしても目的語を代名詞にしたかったら、直接目的か間接目的のどちらかひとつだけを代名詞にして動詞の

前に置いてください。いまのところそれができるだけで十分です。

　というのは、ここまでの説明が理解できていれば、たとえ Je le lui donne. という文章がいきなり出てきたとしても、le が男性名詞を指す直接目的語で、lui が誰か人間か、何か物を指す間接目的語なのだと分かります。それで、この文章は、「私は〜を…にあげる」という意味なのだなと推測できるわけです。

　そこまで理解できれば本書の目標はほとんど達成されています。なにしろ、フランス語の動詞の活用と、人称代名詞の使い方と、主語と目的語の基本構造まですでにマスターしているということだからです。大したものです。自信を持ってください。

直接目的なしで
間接目的だけがある場合

　直接目的なしで間接目的の人称代名詞が出てくる場合もあります。例えば、

Je leur parle.
ジュ　ルル　パルル

「私は彼らに話す」の意味です。parler はすでに 133

ページで出てきましたが、「誰々にむかって話す」というときには、parler à ～ というふうに前置詞の à が必要になるのです。したがって、「私はポールに話す」のフランス語はこうなります。

Je parle à Paul.
ジュ パルル ア ポル

この文章を間接目的語の代名詞を使っていい替えると、à Paul が lui になり、動詞の前に出ます。

Je lui parle.
ジュ リュイ パルル

「私は彼に話す」となるわけです。人称代名詞の使い方が呑みこめたでしょうか?

強勢形とは何か?
「これが彼です」はこうなる!

さて、人称代名詞の最後に、強勢形をやりましょう。「強勢形」というのは初めて出てくる言葉ですね。いったい何を意味しているのか? 簡単にいうと、**人称代名詞を名詞化する形**です。

どういうことかというと、いままで学んだ人称代名詞

は、主語か、直接目的か、間接目的で、そこには文法的な機能が初めから付随していました。つまり、働き方が決まっていました。文章のなかで自由に使える名詞ではなく、初めから「私は」「私を」「私に」といった異なる意味で使われるように決まっているわけです。ですから、代名詞からこれらの機能を取りさって、「私」という名詞に戻してやる形が、「強勢形」なのです。

いちばん簡単な例を考えてみます。

ずいぶん前に（97ページ）、c'est ~ という表現を学びましたね。英語の it is に当たるものです。こんなふうに使います。

C'est Jean.
セ　　ジャン

「これはジャンです」の意味です。ジャンという男性を紹介しているわけですね。同じ構文を使って、「これが彼です」と代名詞で紹介したい場合、どうなるでしょうか？　主語の il を使って C'est il. とか、直接目的の le を使って C'est le. とかはいえません。ここで使うのが強勢形なのです。「彼」を意味する強勢形は lui なので、「これが彼です」というフランス語は、

C'est lui.
セ　　リュイ

となります。

　ただし、「強勢形」という名前のとおり、人称代名詞を強調する働きもあります。例えば、こんなふうに使います。

Lui, il parle à Paul.
リュイ イル パルル ア ポル

「彼だよ、彼がポールに話す」という意味になって、強勢形の lui は主語の il を強調しているわけです。

前置詞のあとでは強勢形を使う

　使い方の詳細はともかくとして、まずは強勢形をずらりとまとめて見てしまいましょう。

単数	1人称	**moi** ムワ	私
	2人称	**toi** トゥワ	君
	3人称	**lui** リュイ	彼
		elle エル	彼女
複数	1人称	**nous** ヌ	私たち
	2人称	**vous** ヴ	君たち／あなた／あなたがた
	3人称	**eux** ウ	彼ら
		elles エル	彼女ら

　lui は３人称単数の間接目的（彼に／彼女に）で出て
きましたし、elle と elles は３人称の主語（彼女は／彼
女らは）でしたし、nous と vous はこれで４回目の登
場です。でも、しつこいようですが、問題はまったく起
こらないので、どうかご安心を。

「それは私です」は C'est moi.。「それは君です」は
C'est toi.。……以下同様。
セ トゥワ

　そういえば、この moi と toi も日本語で比較的知ら
れている言葉ですよね。「トワ・エ・モワ」（君と私、君
と僕）という日本語表記が、音楽グループやブティック

の名前などにときどき使われているのを見ます。フランス語では toi et moi。et は英語の and に当たるフランス語です。

　もうひとつ、**強勢形で重要なのは、前置詞のあとに使うことです。**

　例えば、むかし日本語で恋人同士とか、男女が一緒にいることを表す「アベック」という言葉があったのですが、あれはれっきとしたフランス語です。avec と綴ります。しかし、フランス語の avec は英語の with に当たる前置詞で、「〜と一緒に」という意味です。つまり、男女の「一緒」だけを意味する言葉ではありません。それがなぜか日本語では恋人同士のような意味で使われてしまったのですね。このあたりにも、フランス＝恋愛の国というイメージが働いているのかもしれません。

　例文をやってみましょう。

Je danse avec elles.

「私は彼女たちと踊る」。こんなふうに前置詞のあとでは強勢形を使います。ただ、発音において avec elles が「アヴェク・エル」ではなく、「アヴェケル」となります。音がつながって「アンシェヌマン」になるのです。

　例文をもうひとつ。

第5章　ジュテームの手ほどき　173

Je travaille toujours pour toi.
ジュ　トゥラヴァユ　トゥジュル　プル　トゥワ

　travaille はすでに何度か出てきた travail（労働、仕事）と同じ系統の言葉で、travailler（働く）という動詞の活用形です。この動詞は er 動詞なので、活用は大丈夫ですよね。

　また toujours は「いつも」という副詞で、pour は「〜のために」という前置詞です。

　したがって、文章全体の意味は、「私はいつも君（あなた）のために働いている」となります。

　人称代名詞の使い方は以上です。

復習問題
すらすら読めたら次の章へ

　さて、いつもどおり例を全部出しますので、すらすら読めて、意味が分かるまで頑張ってください。

Je t'aime.　　　　　　　　　　　　　　　　（148ページ）

j'aime   tu aimes   il aime   elle aime
nous aimons   vous aimez   (149 ページ)
ils aiment   elles aiment

Je te donne une rose.   (153 ページ)

Je donne de l'eau à une rose.   (154 ページ)

---

me   te   le   la
nous   vous   les   (158 ページ)

Je t'aime.   (159 ページ)

Je l'aime.   (159 ページ)

A : Tu l'aimes ?   (160 ページ)

B : Oui, je l'aime.   (160 ページ)

A : Ah, tu aimes Jeanne !   (160 ページ)

B : Non, j'aime Jean.   (160 ページ)

Il nous aime.   (161 ページ)

Il vous aime.   (162 ページ)

Il les aime.   (162 ページ)

---

me   te   lui   nous   vous   leur   (163 ページ)

Je la donne à une rose.   (165 ページ)

Je lui donne de l'eau.   (166 ページ)

Je la lui donne.   (166 ページ)

Je leur parle.   (167 ページ)

Je parle à Paul.   (168 ページ)

Je lui parle.   (168 ページ)

C'est Jean.	(169 ページ)
C'est lui.	(169 ページ)
Lui, il parle à Paul.	(170 ページ)
moi toi lui elle nous vous eux elles	(171 ページ)
Je danse avec elles.	(172 ページ)
Je travaille toujours pour toi.	(173 ページ)

第6章 **カフェオレとサントワマミー**
——前置詞、所有形容詞など

フランス語の代表的な前置詞 à（ア）とde（ドゥ）

　前章で人称代名詞を学びました。そのなかに「強勢形」というものがありました。

　moi（私）、toi（君）、lui（彼）、elle（彼女）、nous（私たち）、vous（君たち／あなた／あなたがた）、eux（彼ら）、elles（彼女ら）の8種類で、その重要な働きは、前置詞のあとに使うことだと申しあげました。

　例えば、「～と一緒に」という意味の前置詞 avec を使って、「あなたと一緒に」という意味のフランス語をいいたいときには、avec vous（アヴェク・ヴ）といえばいいわけです。

　フランス語の前置詞のなかでいちばん頻繁に使うものは、à（ア）と de（ドゥ）です。

　à は、英語の at（もしくは in）や to のように「～で」や「～へ」という場所を表す前置詞です。à Paris といえば、「パリで」と「パリへ」の両方の可能性を持ちますが、どちらの意味かは文脈によって分かります。

　また、すでに前章でやったように、à には、名詞の前に付いて間接目的を作る非常に重大な役割もあります。Je donne de l'eau à une rose.（私は水をバラにあげ

る）という 154 ページに出てきた文章では、à une rose という部分が à の働きによって、「バラに」という間接目的になっているわけです。

　もうひとつの de という前置詞は、英語でいえば、of や from のように「〜の」や「〜から」の意味を持っています。de Paris といえば、「パリの」という意味と、「パリから」という意味になります。

　この à と de という前置詞は、あまりにも頻繁に使われるので、あとに定冠詞が来た場合にその定冠詞とくっついて、1つの単語になってしまいます。

　どういうことかというと、日本人でも知らない人のないフランス語「カフェ・オ・レ」がその例なのです。この言葉はすでに 32 ページに登場していましたね。綴りは café au lait でした。ここに含まれる au は、元は à に定冠詞の男性単数形の le が付いたものですが、この à + le は自動的に au に変わってしまうのです。つまり、café au lait は、意味的には café + à + le lait なのです。この言葉の場合の à は「〜が付属した」「〜が入っている」という意味です。つまり、le lait ＝ミルク、à ＝が入っている、café ＝コーヒーということになるのです。

前置詞àとdeが定冠詞と
組みあわされるとこんなふうに短くなる

　というわけで、フランス語の定冠詞は、男性形の単数
(le)、女性形の単数（la）、男女の複数（les）と３種類
あるので、それぞれをà、de と組みあわせると、こん
なふうになります。

　à＋le　→　au（オ）
　à＋la　→　à la（ア・ラ）
　à＋les　→　aux（オ）

　de＋le　→　du（デュ）
　de＋la　→　de la（ドゥ・ラ）
　de＋les　→　des（デ）

　このように、à および de と定冠詞が組みあわさって
ひとつの言葉になる変化のことを「縮約」といいます。
　しかし、ご覧のとおり、à la と de la という組みあわ
せの場合は、縮約が起こりません。つまり、「**縮約形**」
には、à＋le の au、à＋les の aux、de＋le の
du、de＋les の des という**４種類**があるわけです。

café au lait に出てきた au のほかの3つの縮約形の実例を見てみましょう。

例えば、印象派の画家モネは、自宅の庭に日本風の橋のかかった池を作り、そこで睡蓮を育てました。そして、この睡蓮のある池を何度も描いていますが、「睡蓮の池」をフランス語で何というでしょうか？　答えは、

Le Bassin aux nymphéas
ル　　バサン　　オ　　　ナンフェア

読み方でこれまで出てこなかった綴りは ym だけですね。前に59ページで crayon（クレヨン）という日本語になったフランス語を例に出したとき、「y は基本的に i と同じに発音します」と説明しました。つまり、ym は im と同じ発音。ということは、38ページで、in（im）、un、ain（ein）の発音はすべて「アン」、と申しあげたように、「アン」という発音になるわけです。

bassin は「池」、nymphéas は「睡蓮（複数形）」の意味。aux は à＋les で、この場合の à も café au（＝à le）lait のときと同じで、「〜が付属した」「〜が入っている」という意味です。つまり、「睡蓮がある池」ということになります。Le Bassin というように、「池」の最初の文字が大文字になっているのは、これが絵のタイトルだということを表していて、固有名詞扱いされて

いるわけです。

　次に du という縮約形の文例です。これも印象派から
ゴッホの有名な絵のタイトルを例にとりましょう。

Terrasse du café le soir
テラス　　デュ カフェ ル スワル

　この絵は普通、日本では「夜のカフェ・テラス」と呼
ばれていますね。テラスもカフェも日本語になっている
わけです。ただ、フランスでは「テラス」というのは喫
茶店やレストランの屋外の席を意味しています。フラン
スのカフェは、テラス、店内、カウンターと３つに分か
れていて、飲み物の値段も異なっています。テラス席が
最も高く、店内の椅子席がその次、カウンターで立って
飲むのがいちばん安価です。節約したい方、お急ぎの方
はカウンターでどうぞ。
　というわけで、du café は de le café の縮約形で、こ
の場合の de は「〜の」といういちばん普通の意味です。
つまり、この絵は「そのカフェの屋外席」を描いている
わけです。最後の le soir というのは、soir（夜、夕刻）
に定冠詞が付いた形で、普通は「その夜」という意味に
なるのですが、このタイトルの場合は「夜になったとき
の」といったニュアンスで使われています。

最後に des の例です。これも印象派の絵のタイトルから出すことにしましょう。

Le Déjeuner des canotiers
ル　　デジュネ　　デ　　カノティエ

発音はすでに学んだ規則で読めますね。

意味は、Le Déjeuner が「昼食」で、大文字になっているのは、モネの Le Bassin と同じで、絵のタイトルなので、固有名詞扱いです。des は de（～の）＋ les の縮約形で、canotiers は「ボート遊びをする人」をいう名詞の複数形です。したがって、この文は「ボート遊びをする人々の昼食」という意味になります。日本では「舟遊びの昼食」という訳で知られるルノワールの有名な絵のタイトルでした。

英語でいえばbyとon
──その他の前置詞①

à と de のほかにフランス語でよく使われる前置詞をいくつか見ておくことにしましょう。

すでに学んだ前置詞としては、172ページの Je danse avec elles.（私は彼女たちと踊る）でやった

avec（〜と一緒に）、そして、111 ページの Il y a des garçons dans le parc.（あの公園には何人かの男の子がいる）で学んだ dans（〜のなかに）、さらに、173 ページの Je travaille toujours pour toi.（私はいつも君のために働いている）でやった pour（〜のために）の 3 つがありました。

　そのほかの前置詞としては、**英語の by に当たる par（〜によって）**があります。例えば、こんなふうに使います。

le plafond de l'Opéra peint par Chagall
　ル　プラフォン　ドゥ　　　ロペラ　　　　パン　　パル　　シャガル

plafond は「天井」、l'Opéra は le ＋ Opéra のエリジオン（母音字省略）の形で、「オペラ座」を意味します。O の大文字は固有名詞だということを表します。そして、peint は「描かれた」という意味の動詞の変化形。Chagall　はロシア帝国に生まれ、フランス人になった画家のシャガールです。したがって、全体の意味は「シャガールによって描かれたオペラ座の天井（の絵）」という意味になります。

　もうひとつ前置詞をやりましょう。sur（スュル）です。

第6章 カフェオレとサントワマミー **185**

ただし、これは発音に注意が必要です。92ページで、je suis の suis は「スュイ」であって「シュイ」ではないと説明しました。それと同じように、この前置詞 sur も発音は「スュル」であって、「シュル」ではありません。英語で see というときの s の発音であって、she というときの sh ではないのです。shur（シュル）にならないように気をつけてください。

sur の意味は「〜の上に」です。フランスの美術館に行くと、頻繁に huile sur toile（ユイル・スュル・トゥワル）という表示を見ます。辞書を引くと、huile は「油」で、toile は「布地」と出ていますが、「布地の上に油」とは？　「キャンバスに油絵具」のことで、要するに「油彩」ということです。水彩や版画ではないよと教えてくれているわけです。

この sur もじつは日本語に入っているのですね。よく現実離れした幻想的なイメージのことを「シュール」だといいますが、この「シュール」の元の言葉はフランス語の surréalistique（スュルレアリスティク）なのです。réalistique（レアリスティク）は「現実的な」ということで、その語頭に sur が付いています。この場合の sur は「〜の上に」という意味から、「〜を超えた」という意味になって、surréalistique は「超現実的な」という形容詞になります。この「スュルレアリスティク」

の文頭の「スュル」だけが切り離され、「シュール」という日本的な発音になって、「超現実的」なものを意味するようになったというしだいです。

「サン・トワ・マミー」の「サン・トワ」とは sans toi（君なしで） ──その他の前置詞②

さて、前置詞をもうひとつだけやっておきましょう。すでに学んだavec（と一緒に）の反対語として、sans（〜なしで）というのがあります。

例えば、日本では越路吹雪が歌って有名になり、のちにロックバンド、RCサクセションの忌野清志郎がカバーした「サン・トワ・マミー」という曲がありますが、これはベルギーの歌手アダモが作詞・作曲・歌唱をおこなったフランス語のポピュラーソングで、Sans toi m'amie と綴ります。

toi は前章の最後にやった人称代名詞の強勢形の「君」ですから、sans toi で「君なしでは」となります。「君なしでは、天気は暗いし、毎日毎日、ひとときひとときが重苦しくて、望みもない」というわけです。これを日本語の歌詞を担当した岩谷時子さんは「サン・トワ・マミー、悲しくて・目の前が・暗くなる、サン・トワ・マ

ミー」と訳しました。うまいものですね。

　しかし、最後の「マミー」とは何でしょうか？　漠然と「お母さん」の意味だと思っている人もいるかもしれませんが、全体は失恋の歌らしいのでちょっと変ですよね。しかし、元のフランス語を見れば、疑問は氷解します。

　m'amie の m' は、所有形容詞の ma（私の）なのですが、あとに母音で始まる amie が来たせいでエリジオン（母音字省略）された形になっています。amie（アミ）は「女友だち、愛する女」を指す単語ですから、「マミー」とは「僕の愛する人」ということになります。

「ノートルダム」とは、もともと
どんな意味だったか──所有形容詞

　ところで、説明抜きで「所有形容詞」という言葉を使ってしまいましたが、これは「私の」「君の」「彼の」「彼女の」……といった意味を表す、名詞の前に付く形容詞です。

　定冠詞を学んだとき、そのあとに来る名詞の種類に従って、男性単数形（le）、女性単数形（la）、複数形（les）がありましたが、この所有形容詞の場合も、あとに来る名詞の種類によって、男性単数形、女性単数形、複数形

の区別があります。一覧表にして並べてみましょう。

	単数		複数
	男性	女性	
私の	mon モン	ma マ	mes メ
君の	ton トン	ta タ	tes テ
彼の／彼女の	son ソン	sa サ	ses セ

　所有形容詞のあとに来る名詞が複数形の場合は、男性名詞でも女性名詞でも同じ所有形容詞を使うわけです。

　具体的にやってみましょう。

mon travail（私の仕事）

ma rose（私のバラ）

mes problèmes（私の諸問題）

　では問題です。いまの例を参考にして、「君の仕事、君のバラ、君の諸問題」「彼／彼女の仕事、彼／彼女のバラ、彼／彼女の諸問題」という表現をいってみてください（答えは復習問題のところに載っています）。

　ただ、気をつけていただきたいのは、**所有形容詞の変**

化は、所有する人とはまったく関係なく、あくまでも**所有される物の、男性名詞・女性名詞、単数・複数の違いによる**ということです。

例えば、英語では his letter（彼の手紙）、her letter（彼女の手紙）というふうに所有する人の男女の区別を表すことができますが、フランス語では「手紙」は lettre（レトゥル）で、これは女性名詞なので、所有形容詞は sa しかなく、sa lettre は「彼の手紙」の意味にも「彼女の手紙」の意味にもなるのです。

さて、次は、所有する人が「私たちの」「君たちの」……のように複数になったときの所有形容詞を見てみましょう。この場合、所有される名詞が男性名詞であっても女性名詞であっても所有形容詞の区別はなくなり、単数形と複数形がそれぞれ1種類ずつになります。表にすると、こうなります。

	単数	複数
私たちの	notre ノトゥル	nos ノ
君たちの／あなたの／ あなたがたの	votre ヴォトゥル	vos ヴォ
彼らの／彼女らの	leur ルル	leurs ルル

このなかで notre は日本人にもおなじみです。パリをはじめ、フランスの各地にある寺院を「ノートルダム」と呼びますが、これは Notre-Dame と綴り、notre dame から来ているからです。たったいま学んだように notre は「私たちの」、dame（ダム）は「貴婦人」という意味で、「私たちの貴婦人」ということになります。「私たちの貴婦人」とはイエス・キリストを生んだ聖母マリアのことで、ノートルダムとはマリアさまに捧げられた寺院のことなのです。ついでにいうと、フランス語では、夫がいると見なせる成熟した女性にむかって Madame（マダム）と呼びかけますが、これはもとは ma dame（わが貴婦人）という意味の呼びかけで、それが語源になったのです。

「サン・トワ・マミー」のm'amieは現代では使わない古い言葉づかい

最後に、もう一度「サン・トワ・マミー」の問題に戻ります。ma は所有形容詞の「私の」で、amie（アミ）は「愛する女」だと申しあげました。意味はそのとおりなのですが、普通の現代フランス語では、これがエリジオン（母音字省略）を起こして m'amie になることは

ありません。ma は、現代のフランス語では、あとに来る名詞が母音で始まっている場合、mon となります。そして、あとの母音とリエゾンするので、mon amie（モン・ナミ）となるのです。m'amie は古い言葉づかいなのです。

　アラン・レネ監督が女性作家マルグリット・デュラスの脚本に基づき日本の広島を舞台にして撮った映画で、『二十四時間の情事』というトンデモないタイトルの作品があります。このフランス映画の原タイトルは、Hiroshima mon amour（イロシマ・モン・ナムル）といいます。『広島、わが愛（私の愛する人)』という意味です。amour（アムル＝愛）は男性名詞なので、「私の」という所有形容詞は mon となり、そのあとに母音で始まる名詞が来ているので、「モン・ナムル」というふうにリエゾンがおこなわれるのです。

　その映画のなかで、主役の「彼」（岡田英次）はヒロインの「彼女」（エマニュエル・リヴァ）にむかって何度も「テュ・ナ・リヤン・ヴュ」といいます。この言葉の意味については、次章で扱うことにしましょう。

復習問題

すらすらと口に出していえれば、
次はいよいよ最後の章です

さて、章の最後は練習問題です。出てきたフランス語をすらすら口でいえて、意味が分かれば合格です。

avec vous	(178 ページ)
à Paris	(178 ページ)
de Paris	(179 ページ)
au à la aux du de la des	(180 ページ)
Le Bassin aux nymphéas	(181 ページ)
Terrasse du café le soir	(182 ページ)
Le Déjeuner des canotiers	(183 ページ)
Je danse avec elles.	(183 ページ)
Il y a des garçons dans le parc.	(184 ページ)
Je travaille toujours pour toi.	(184 ページ)
le plafond de l'Opéra peint par Chagall	(184 ページ)
huile sur toile	(185 ページ)
surréalistique	(185 ページ)
réalistique	(185 ページ)
Sans toi m'amie	(186 ページ)
mon ma mes	(188 ページ)

第6章 カフェオレとサントワマミー 193

ton ta tes	(188ページ)
son sa ses	(188ページ)
mon travail ma rose mes problèmes	(188ページ)
ton travail ta rose tes problèmes	(188ページ)
son travail sa rose ses problèmes	(188ページ)
sa lettre	(189ページ)
notre nos	(189ページ)
votre vos	(189ページ)
leur leurs	(189ページ)
Notre-Dame	(190ページ)
Madame	(190ページ)
mon amie	(191ページ)
Hiroshima mon amour	(191ページ)

第7章 きょうママンが死んだ
——動詞の過去と未来

「君は何も見なかった」
──過去と複合過去

　さて、『二十四時間の情事』で、岡田英次が何度もしつこくいうので、観客がいやでも覚えてしまうフランス語の「テュ・ナ・リヤン・ヴュ」です。こう綴ります。

Tu n'as rien vu.
テュ　ナ　リヤン　ヴュ

　この表現は「君は何も見なかった」の意味です。動詞の過去形が出てきたのです。

　tu は「君は」という主語の人称代名詞で、n'as は ne と as という２つの単語がエリジオン（母音字省略）でくっついたものです。この２つの単語は、すでに学びましたね。ne は 138 ページで、動詞を否定形にするには ne と pas で挟むといいましたが、その ne です。また、98 ページで、ne は、そのあとに母音で始まる単語が来ると、エリジオン（母音字省略）を起こして、その単語とくっついてしまうと説明しました。

　今回の文例では、ne は、ne 〜 pas のコンビではなく、ne 〜 rien という形で出ていて、ne 〜 pas が「〜ない」といういちばん普通の否定の表現なのにたいして、ne 〜 rien で動詞を挟むと、「何も〜ない」という

全面的な否定になるのです。

　この ne 〜 rien で挟まれている as は、106 ページで、動詞 avoir の活用のときにやりましたね。tu as（テュ・ア）で「君は〜を持つ」の意味でした。

　さて、Tu n'as rien vu. の表現でいちばん肝心かなめの部分は、as vu なのです。

　vu は、動詞 voir（見る＝ヴワル）の過去分詞です。「過去分詞」、初めて出てきた言葉ですが、過去形を作るのに必要な動詞の形で、すべての動詞に存在します。

　それでは、過去分詞を使って過去形を作るにはどうするかというと、as vu のように、**主語に対応した avoir の活用形と、過去形にしたい動詞の過去分詞を並べれば過去形になる**のです。

　この場合、avoir には「持つ」という本来の動詞の意味はなくなって、過去形を作るための補助的な役割しかありません。そのため、過去形を作るのに使われる avoir は「助動詞」と呼ばれます。英語の「助動詞」とはまったく違うものなので、**フランス語の「助動詞」は過去形を作るための補助**、と覚えておいてください。

　こうして、tu as vu（テュ・ア・ヴュ）といえば、「君は見た」という過去を表現することができるのです。avoir の活用形＋動詞の過去分詞という、この過去の作

り方を「複合過去」といいます。「複合」というのは、助動詞 avoir と、過去形にしたい動詞の過去分詞を組みあわせて（複合させて）いるという意味です。複雑に絡みあった過去、というわけではないので、安心してください。

　ただし、わざわざ「複合過去」といっているのは、ほかにも過去の作り方がいくつかあるということです。しかし、とりあえずいまは、複合過去のやり方を学んで、フランス語で過去をいえるようになれば、それで十分です。

　Tu n'as rien vu. に戻れば、Tu as vu（君は見た）という過去の表現に、ne〜rien（何も〜ない）という否定の表現が加わっています。複合過去を否定形にしたいときは、ne〜pas（〜ない）の場合でも、ne〜rien の場合でも、助動詞の avoir だけを挟みます。したがって、過去分詞はそのあとに来ることになります。かくして、

　Tu as vu.（君は見た）

　Tu n'as rien vu.（君は何も見なかった）

　Tu n'as pas vu.（君は見なかった）

という複合過去と、複合過去の否定形がいえるように
なりました。

複合過去が分かったところで、
いよいよカミュ『異邦人』を読む!

　ここで、最初に発音に挑戦した『異邦人』と『失われ
た時を求めて』の冒頭の文章に挑戦することにしましょ
う。ついに、ここまで来たのです。まずは『異邦人』か
ら。

　　Aujourd'hui, Maman est morte.
　　オジュルデュイ　　ママン　　エ　モルトゥ
　　Ou peut-être hier, je ne sais pas.
　　ウ　プテトゥル　イエル　ジュ　ヌ　セ　パ

aujourd'hui は長い単語ですが「今日」、Maman はフ
ランス語で「お母さん」を意味する親しい呼び方です。
つまり、「今日、お母さんが」。はい、どうした?
　このあとの est morte が複合過去なのです。ところ
が!　 est は avoir の活用形ではなく、93 ページでや
った il est とか elle est とかいうときの être の活用形
ではないか?　そのとおりです。
　フランス語の動詞のなかには、ほんの少数ですが、助
動詞として avoir ではなく être を使う動詞があって、

『異邦人』の冒頭で使われた動詞はその１つだったのです。助動詞 est のあとに来ている morte（モルトゥ）は、mourir（ムリル＝死ぬ）という動詞の過去分詞 mort（モル）の女性形なのです。

　そう、またしても面倒な規則が出てきたのですが、être を助動詞にして複合過去を作る動詞の場合、あとに来る過去分詞は、主語の男性名詞・女性名詞、単数・複数の区別に従って変化します。つまり、「彼は死んだ」「彼女は死んだ」「彼らは死んだ」「彼女らは死んだ」はこう変化します。

il est mort
イレ　モル
elle est morte
エレ　　モルトゥ
ils sont morts
イル　ソン　モル
elles sont mortes
エル　ソン　モルトゥ

「私は死んだ」の場合、「私」が男性ならば、je suis mort で、「私」が女性ならば je suis morte になり、「私たちは死んだ」の場合、男性だけ、もしくは男性を含む集団の場合は nous sommes morts になり、女性だけの集団の場合は nous sommes mortes ……と、まあこれは亡霊がしゃべっているようなもので、冗談でしかありえない言葉づかいですが、でも文法的には厳密にその

ように変化します。

　ついでにいっておくと、複合過去を作るとき助動詞として être を使う動詞は、aller（行く）と venir（来る）、entrer（入る）と sortir（出る）、partir（出発する）と arriver（到着する）、monter（上る）と descendre（下りる）、naître（生まれる）と mourir（死ぬ）のように、対になって、場所の移動を意味する動詞がほとんどです。なぜ、「生まれる」と「死ぬ」が場所の移動かというと、あの世からこの世に来るのが「生まれる」で、この世からあの世へ行くのが「死ぬ」だからです。

　それはともかく、これで『異邦人』の最初の一文は、「今日、母さんが死んだ」という意味だと分かりました。
　続いて、ou は「あるいは」という接続詞、peut-être は「たぶん」、hier は「昨日」という意味です。次の je ne sais pas は、動詞が否定の ne 〜 pas で挟まれている形だと推測できますよね。sais は savoir（知る、分かる）という動詞の je に対応する活用形です。というわけで、全体は、「今日、母さんが死んだ。あるいは昨日かもしれないが、私には分からない」という意味になります。

『失われた時を求めて』で
代名動詞に初挑戦！

　お次は、難解ということで有名な『失われた時を求め
て』の冒頭です。

Longtemps, je me suis couché de bonne heure.
ロンタン　　ジュ　ム　スュイ　クシェ　ドゥ　　　ボヌル

　発音に関しては、第１章の終わりで説明したときには、
最後の bonne heure の発音を初心者むけに「ボヌ・ウ
ル」と２つの単語に分けておいたのですが、ここまで来
た読者は、この２つの単語のあいだでアンシェヌマン（つ
ながり）が生じて、「ボヌル」というふうにくっついて
しまうことがなんとなく分かるのではないでしょうか。

　まず longtemps は「長く、長いこと」という意味です。

　次の　je me suis couché でつまずいてしまいます
ね。当然です。ここには、まだ学んだことのない動詞の
形態が出ているからです。それは「代名動詞」というも
のです。

　92ページで、動詞が辞書に載るときの活用しない形
を「不定詞（原形）」というと説明しました。この例文
で使われている「代名動詞」の不定詞は se coucher
（ス・クシェ）というものです。２つの部分からなる動

詞で、**最初の se は代名詞**、**あとの coucher は動詞**。
それで、**あわせて代名動詞というのです。**

意味としては、se が「自分を」という意味で、coucher が「寝かせる」という意味です。この２つが合わさって「自分を寝かせる」→「寝る」という意味になります。英語に「再帰動詞」という動詞の用法があって、例えば enjoy oneself は「自分を楽しませる」という文字どおりの意味から、ごく普通に「楽しむ」という意味で使いますが、それと同じ性質の用法です。

代名動詞の活用はといえば、動詞の部分は普通の活用です。coucher の場合は語尾が er ですから、いわゆる「er（ウエル）動詞」で、134 ページでやった parler（話す）と同じ基本的な活用のパターンになります。

しかし、se という代名詞の部分が主語に応じて変化するので、以下のような活用になります。「私は寝る」「君は寝る」「彼（彼女）は寝る」……、順番に行きましょう。

je me couche
ジュ ム クシュ
tu te couches
テュ トゥ クシュ
il(elle) se couche
イル[エル] ス クシュ
nous nous couchons
ヌ ヌ クション
vous vous couchez
ヴ ヴ クシェ
ils(elles) se couchent
イル[エル] ス クシュ

そして、**代名動詞の複合過去を作るときには、助動詞はかならず être を使い**、主語に対応した活用形をとります。また、この助動詞 être の活用形が入る場所は、代名詞と動詞の過去分詞のあいだです。

というわけで、coucher の過去分詞が必要になるのですが、er 動詞の場合、例外なく語尾の er を é にするだけです。つまり、coucher の場合、過去分詞は couché となります。発音は、不定詞も過去分詞もまったく同じで、この場合は「クシェ」です。

複合過去で『失われた時を求めて』をさらに理解する

それでは、代名動詞 se coucher の複合過去、「私は寝た」「君は寝た」「彼は寝た」「彼女は寝た」……をやってみましょう。

je me suis couché
ジュ ム スュイ クシェ
tu t'es couché
テュ テ クシェ
il s'est couché
イル セ クシェ
elle s'est couchée
エル セ クシェ
nous nous sommes couchés
ヌ ヌ ソム クシェ

vous vous êtes couchés
ヴ　　ヴ・ゼトゥ　　　クシェ
ils se sont couchés
イ ル ス ソン　　　クシェ
elles se sont couchées
エル ス ソン　　　クシェ

　注意深い方は、主語が複数で「私たちは」「君たちは」
「彼らは」となった文章で、過去分詞の couché に s が
付いて couchés となっていること、さらに、主語が「彼
女は」と「彼女らは」になった文章で、やはり過去分詞
が couchée と couchées に変わっていることに気づい
たかもしれません。

　さきほど mourir（死ぬ）という動詞の複合過去を説
明したところで、être を助動詞にして複合過去を作る
動詞の場合、助動詞のあとに来る過去分詞は、主語の男
性名詞・女性名詞、単数・複数の区別に従って変化する
といいました。

　それと同じ規則が、この代名動詞の複合過去を作るた
めの助動詞 être のあとに来る過去分詞にも働くのです。
つまり、couchés は男性複数、couchée は女性単数、
couchées は女性複数の形になっていて、主語の男性・
女性、単数・複数の区別と一致しているのです。

　主語の je が女性である場合も、

　je me suis couchée

というふうに、過去分詞の couché は、女性形の couchée になるのです。

　しかし、『失われた時を求めて』の語り手である「私」は男性なので、couché は男性形のまま je me suis couché で、「私は寝た」ということになります。

　最後の de bonne heure は、heure が「時」を表す女性名詞で、それに応じて bonne が形容詞 bon（良い）の女性形になっています。そのまま訳せば「良い時から」ということになりますが、これは慣用句で「早い時刻から」の意味です。これでようやく文章全体の意味が分かりましたね。「長いこと、私は早い時刻から寝た」。つまり、「長いこと、私は早寝だった」というわけです。

フランス語学習の今後の展望
——いろいろな動詞の時制

　こうして、最後に来て、一挙に、複合過去と代名動詞という難物をやってしまいました。

　ずいぶん、いろいろなことを学んだ気がしますが、フランス語の文法全体からいうと、半分くらいをごく簡単に、かいつまんで説明したというところでしょうか。

　今後の展望も含めて、フランス語の動詞の過去と未来

について、大まかな解説をしてこの入門書の締めくくりとしたいと思います。なぜなら、文法の基本構造は動詞を中心にしてできあがっているからです。端的にいうなら、**文の構造とは、主語と動詞であって、その動詞にいろいろな目的語が付き、動詞が過去・現在・未来のさまざまな形に変化することで、言葉による表現の根幹を支えている**のです。

　名詞や形容詞も言葉の世界を多様に彩るための重要な要素です。しかし、それはほとんど語彙（ヴォキャブラリー）の豊かさの問題であって、すこしずつ本を読んで増やしていくほかないものです。そして、語彙の世界は無限です。語彙は増えれば増えるほど、さらにその語彙がほかの言葉を呼んで、どんどん広がっていきます。完成ということがないのです。

　しかし、文法は違います。普通の本を読むための文法は、フランス語の薄い初級文法1冊でだいたい足りるのです。

　というわけで、文法の根幹をなす動詞の過去と未来について今後の展望を述べておきましょう。

　本章で学んだ過去は「複合過去」でした。これは1回で完結した〈動作〉や〈行為〉や〈事件〉を表す過去です。

　さきほどやった「母さんが死んだ」はもちろん1回か

ぎりの〈行為〉ですが、「私は早くから寝た」というある程度続いた習慣を表すように見える表現でも、「昔は早寝だった」というように、過去のもう終わってしまった〈行為〉として「寝た」ことを捉えているのです。それが「複合過去」による過去の捉え方です。

　フランス語には、ほかに近接過去、半過去、大過去、単純過去などいろいろな過去がありますが、「複合過去」と対比されるべき重要な過去は「半過去」です。「半〜」などというと、煮えきらない、いい加減な過去なのかと思いますが、そうではなく、1回かぎりで終わらない、漠然とした〈状態〉を表す過去なのです。つまり、「私は若かった」というとき、〈行為〉として私が1回若くなって終わったという意味ではありません。「私が若かった」という過去の〈状態〉の持続を表しているのです。大ざっぱにいえば、**過去の捉え方には、〈行為〉として捉える「複合過去」と、〈状態〉として捉える「半過去」がある**といえるのです。

慣れれば意外に簡単な半過去

　というわけで、「半過去」の作り方に触れておきましょう。半過去は、複合過去のように、助動詞を必要としません。動詞自体を活用変化させて作ります。

例えば、「私は若い」は、

je suis jeune
ジュ スュイ ジュヌ

ですが、「私は若かった」は être を半過去形の étais
にして、こうなります（主語と動詞でエリジオンが起こ
りますが）。

j'étais jeune
ジェテ ジュヌ

以下、主語の人称の変化に従って、「君は若かった」「彼
（彼女）は若かった」……と半過去の活用をやってみま
す（アンシェヌマン、リエゾン、また、動詞の３人称複
数の活用語尾の ent は絶対に読まない、といった、これ
まで学んだ発音の規則が働きますので、注意してくだ
さい）。

tu étais jeune
テュ エテ ジュヌ
il(elle) était jeune
イルテ[エルテ] ジュヌ
nous étions jeunes
ヌ・ゼティヨン ジュヌ
vous étiez jeunes
ヴ・ゼティエ ジュヌ
ils(elles) étaient jeunes
イル[エル]・ゼテ ジュヌ

動詞の活用語尾だけを見ると、je ~ais、tu ~ais、il(elle) ~ait、nous ~ions、vous ~iez、ils(elles) ~aient という形になっています。そして、**半過去の活用語尾は、この形のみで、例外はありません**。ですから、活用語尾を「エ、エ、エ、ィヨン、ィエ、エ」と覚えておけば、それで OK です。ただ、動詞の活用変化しない部分を「語幹」といい、être の場合は語幹が ét になるのですが、これは例外なので覚えなければなりません。

　しかし、er（ウエル）動詞の場合、例えば parler の語幹は parl になるので、これに、主語の人称に従ってさきほどの「エ、エ、エ、ィヨン、ィエ、エ」を付けて、「パルレ、パルレ、パルレ、パルリヨン、パルリエ、パルレ」とすればいいということになります。慣れれば、半過去の活用はそんなに面倒でないことが分かるでしょう。

近接未来は超簡単なバラ色の未来！

　最後の最後に動詞の未来をやっておきましょう。未来形は過去形に比して使われる頻度が非常に低いのです。例えば、小説などは、ほとんど全部過去形で書かれています（いまやった『異邦人』も『失われた時を求めて』も過去形で書かれていましたね）。作中の会話文で未来

第7章 きょうママンが死んだ **211**

形が使われることはもちろんありますが、そう頻繁では
ありません。

　未来にも、近接未来、単純未来、前未来という３つの
形がありますが、とりあえず、近接未来と単純未来を頭
に入れておけば初心者としては十分です。

　まず、近接未来ですが、これはすでに120ページで
やった aller（行く）の活用形のあとに動詞の不定詞（原
形）を置けば、その動詞の「近接未来」をいうことがで
きます。近接未来とは近い未来のこと。つまり、「これ
から〜する」ということです。さきほど言及した partir
（出発する）という er 動詞を使ってやってみましょう。
「私はこれから出発する」「君はこれから出発する」
……。

Je vais partir.
ジュ　ヴェ　パルティル
Tu vas partir.
テュ　ヴァ　パルティル
Il(Elle) va partir.
イル［エル］　ヴァ　パルティル
Nous allons partir.
ヌ・ザロン　　　　パルティル
Vous allez partir.
ヴ・ザレ　　　　パルティル
Ils(Elles) vont partir.
イル［エル］　　ヴォン　パルティル

じつに簡単です。もう aller の活用はマスターしてい

るわけですから、そのあとに辞書に出ているどんな動詞
でも、そのまま不定詞をつければ未来がいえるのです。
バラ色の未来！

Je vais partir en France.
ジュ ヴェ パルティル アン フランス
Je vais partir à Paris.
ジュ ヴェ パルティル ア パリ

　意味は「私はこれからフランスへ出発する」と「私は
これからパリへ出発する」で、本書冒頭に引用した萩原
朔太郎を羨ましがらせるような文例なのですが、フラン
スとパリでは前置詞が違っていますね。à Paris はすで
に 178 ページでやりましたが、en という前置詞は初め
て出てきました。en は語尾が e で終わる国名と一緒に
使われて、「〜へ」や「〜で」を意味する前置詞なのです。
つまり、「フランスへ」は en France となります。しかし、
日本はフランス語で Japon（ジャポン）といって、語
尾が e でないので、「日本へ」「日本で」といいたいと
きには、en ではなく、à + le の縮約形の au を使って、
au Japon（オ・ジャポン）といいます。

Je vais revenir au Japon.
ジュ ヴェ ルヴニル オ ジャポン

　revenir は、さっき（201 ページ）aller と対比して言

及した venir（ヴニル＝来る）に re~（ふたたび）という文の要素がくっついたもので、意味は「ふたたび来る」→「帰る」ということになります。したがって、上記の文章は、「私はこれから日本に帰る」ということになります。

単純未来

しかし、この「近接未来」のやり方では近い未来のことしかいえません。ですから、未来のことならなんでもOK、数秒後の近い未来でも、千年後の遠い未来でもいえる「単純未来」をやっておきましょう。

aller（行く）を単純未来にするとこうなります。

j'irai
ジレ
tu iras
テュ イラ
il(elle) ira
イリラ［エリラ］
nous irons
ヌ・ズィロン
vous irez
ヴ・ズィレ
ils(elles) iront
イル［エル］・ズィロン

aller を単純未来にするときの、活用変化しない語幹は i という 1 文字になります。

そして、**活用語尾はすべての単純未来で例外なく、**rai、ras、ra、rons、rez、rontとなります。レ、ラ、ラ、ロン、レ、ロンと３つの音をリズミカルにくり返せば、もう単純未来はあなたのものです。allerの場合のiのように、単純未来の語幹を特別に覚えなければならないこともあるのですが。

ただ、フランス語で最も頻繁に使うer動詞の場合、例えばparlerならば、語幹のparle（パルル）のあとに「レ、ラ、ラ、ロン、レ、ロン」を付ければいいので、とても簡単です。目的語として「フランス語（le français）」を付けてやってみましょう。「私はフランス語をしゃべるだろう」「君はフランス語をしゃべるだろう」……。

Je parlerai le français.
ジュ　パルルレ　ル　フランセ
（私はフランス語をしゃべるだろう）

Tu parleras le français.
テュ　パルルラ　ル　フランセ
（君はフランス語をしゃべるだろう）

Il parlera le français.
イル　パルルラ　ル　フランセ
（彼はフランス語をしゃべるだろう）

Elle parlera le français.
エル　パルルラ　ル　フランセ
（彼女はフランス語をしゃべるだろう）

Nous parlerons le français.
ヌ　パルルロン　ル　フランセ

（私たちはフランス語をしゃべるだろう）

Vous parlerez le français.
ヴ　パルルレ　ル　フランセ
（君たち／あなた／あなたがたはフランス語をしゃべるだろう）

Ils parleront le français.
イル　パルルロン　ル　フランセ
（彼らはフランス語をしゃべるだろう）

Elles parleront le français.
エル　パルルロン　ル　フランセ
（彼女らはフランス語をしゃべるだろう）

　みんなフランス語をしゃべるだろう！　やっぱり、バラ色の未来です。

J'irai en France.（私はフランスに行くだろう）
ジレ　アン　フランス
J'irai à Paris.（私はパリに行くだろう）
ジレ　ア　パリ

復習問題

最後の練習問題です。
次はパリでフランス語に
触れてみてください

　読者のみなさんがフランスやパリに行って、じかにフランス語と触れあい、親しむ日の近いことを心から祈っています。
　でもその前に、練習問題をやっておきましょう。

Tu n'as rien vu.	(196 ページ)
Tu as vu.	(198 ページ)
Tu n'as pas vu.	(198 ページ)
Aujourd'hui, Maman est morte. Ou peut-être hier, je ne sais pas.	(199 ページ)
il est mort	(200 ページ)
elle est morte	(200 ページ)
ils sont morts	(200 ページ)
elles sont mortes	(200 ページ)
je suis mort	(200 ページ)
je suis morte	(200 ページ)
nous sommes morts	(200 ページ)
nous sommes mortes	(200 ページ)
aller / venir	(201 ページ)
entrer / sortir	(201 ページ)
partir / arriver	(201 ページ)
monter / descendre	(201 ページ)
naître / mourir	(201 ページ)
Longtemps, je me suis couché de bonne heure.	(202 ページ)
se coucher	(202 ページ)
je me couche	(203 ページ)
tu te couches	(203 ページ)

第7章　きょうママンが死んだ　**217**

il se couche	(203 ページ)
elle se couche	(203 ページ)
nous nous couchons	(203 ページ)
vous vous couchez	(203 ページ)
ils se couchent	(203 ページ)
elles se couchent	(203 ページ)
je me suis couché	(204 ページ)
tu t'es couché	(204 ページ)
il s'est couché	(204 ページ)
elle s'est couchée	(204 ページ)
nous nous sommes couchés	(204 ページ)
vous vous êtes couchés	(205 ページ)
ils se sont couchés	(205 ページ)
elles se sont couchées	(205 ページ)
je me suis couchée	(205 ページ)
je suis jeune	(209 ページ)
j'étais jeune	(209 ページ)
tu étais jeune	(209 ページ)
il était jeune	(209 ページ)
elle était jeune	(209 ページ)
nous étions jeunes	(209 ページ)
vous étiez jeunes	(209 ページ)
ils étaient jeunes	(209 ページ)

elles étaient jeunes	(209 ページ)
Je vais partir.	(211 ページ)
Tu vas partir.	(211 ページ)
Il va partir.	(211 ページ)
Elle va partir.	(211 ページ)
Nous allons partir.	(211 ページ)
Vous allez partir.	(211 ページ)
Ils vont partir.	(211 ページ)
Elles vont partir.	(211 ページ)
Je vais partir en France.	(212 ページ)
Je vais partir à Paris.	(212 ページ)
Je vais revenir au Japon.	(212 ページ)
j'irai	(213 ページ)
tu iras	(213 ページ)
il ira	(213 ページ)
elle ira	(213 ページ)
nous irons	(213 ページ)
vous irez	(213 ページ)
ils iront	(213 ページ)
elles iront	(213 ページ)
Je parlerai le français.	(214 ページ)
Tu parleras le français.	(214 ページ)
Il parlera le français.	(214 ページ)

第7章 きょうママンが死んだ　219

Elle parlera le français.	(214ページ)
Nous parlerons le français.	(214ページ)
Vous parlerez le français.	(215ページ)
Ils parleront le français.	(215ページ)
Elles parleront le français.	(215ページ)
J'irai en France.	(215ページ)
J'irai à Paris.	(215ページ)

著者略歴

中条省平
ちゅうじょうしょうへい

一九五四年、神奈川県生まれ。
学習院大学フランス語圏文化学科教授。パリ大学文学博士。
八四〜八八年、フランス政府給費留学生としてパリに滞在。
八八年、東京大学大学院博士課程単位取得修了。
二〇〇三〜〇七年、朝日新聞書評委員、
〇九年より手塚治虫文化賞選考委員を務める。
近著に『中条省平の「決定版! フランス映画200選」』(清流出版)、
『フランス映画史の誘惑』(集英社新書)、
『天才バカボン家族論「パパの品格」なんていらないのだ!』(講談社)、
『浅草映画研究会』(廣済堂出版、共著)、
『花のノートルダム』(光文社古典新訳文庫、訳書)がある。

幻冬舎新書 494

世界一簡単なフランス語の本
すぐに読める、読めれば話せる、話せば解る!

2018年3月30日　第1刷発行
2025年5月30日　第7刷発行

著者　中条省平
発行人　見城　徹
編集人　志儀保博
発行所　株式会社 幻冬舎
〒151-0051 東京都渋谷区千駄ヶ谷4-9-7
電話 03-5411-6211(編集)
　　 03-5411-6222(営業)
公式HP:https://www.gentosha.co.jp/

ブックデザイン　鈴木成一デザイン室
印刷・製本所　中央精版印刷株式会社

検印廃止
万一、落丁乱丁のある場合は送料小社負担でお取替致します。小社宛にお送り下さい。本書の一部あるいは全部を無断で複写複製することは、法律で認められた場合を除き、著作権の侵害となります。定価はカバーに表示してあります。
©SHOHEI CHUJO, GENTOSHA 2018
Printed in Japan　ISBN978-4-344-98495-0 C0295
ち-1-3

この本に関するご意見・ご感想は、
　下記アンケートフォームからお寄せください。
https://www.gentosha.co.jp/e/

幻 冬 舎 新 書

中条省平
マンガの論点
21世紀日本の深層を読む

10年前すでに戦争とテロと格差を描いていたマンガを論じることは世相を読み解くことだ。『デスノート』『闇金ウシジマくん』『鋼の錬金術師』他この10年の数百冊から現代日本を探る。

中条省平
マンガの教養
読んでおきたい常識・必修の名作100

かつて読むとバカになるとまで言われたマンガが、いまや教養となった。ギャグから青春、恋愛、歴史、怪奇、ＳＦまで豊饒たるマンガの沃野への第一歩に最適な傑作100冊とその読み方ガイド。

菊間ひろみ
英語を学ぶのは40歳からがいい
3つの習慣で力がつく驚異の勉強法

やるべきことの優先順位も明確な40歳は英語に対する「切実な想い」「集中力」が高く、英会話に不可欠な社会経験も豊富なため、コツさえつかんで勉強すれば英語力はぐいぐい伸びる！

晴山陽一
英語ベストセラー本の研究

戦後60年にわたるミリオンセラー級の英語学習本を徹底研究。それらのエッセンスを集約してみると、日本人の英語学習にもっとも必要なもの、足りないものが何であるのかが見えてくる!!

幻 冬 舎 新 書

中村圭志

知ったかぶりキリスト教入門
イエス・聖書・教会の基本の教養99

イエス＝神か、神の子なのか。神は「三つで一つ」という教理とは何か。イエスの一生、聖書のエピソードと意味、仏教との比較、イスラム教との関係などを、Q＆A方式で説明するキリスト教ガイド。

足立照嘉

サイバー犯罪入門
国もマネーも乗っ取られる衝撃の現実

世界中の貧困層や若者を中心に、ハッカーは「ノーリスク・ハイリターン」の人気職種。さらに、犯罪組織やテロリストは、サイバー犯罪を収益事業化。今、〝隙だらけの日本市場〟が狙われている！

深沢真太郎

数学的コミュニケーション入門
「なるほど」と言わせる数字・論理・話し方

仕事の成果を上げたいなら数学的に話しなさい！ 定量化、グラフ作成、プレゼンのシナリオづくりなど、「数字」と「論理」を戦略的に使った「数学的コミュニケーション」のノウハウをわかりやすく解説。

中川右介

現代の名演奏家50
クラシック音楽の天才・奇才・異才

非凡な才能を持つ音楽家同士の交流は深く激しい。帝王カラヤンと天才少女ムター、グリモーとアルゲリッチ、バーンスタインとスカラ座の女王カラス……。170人の音楽家が絡み合う50の数奇な物語。

幻 冬 舎 新 書

中村圭志
教養としての仏教入門
身近な17キーワードから学ぶ

宗教を平易に説くことで定評のある著者が、日本人なら耳にしたことのあるキーワードを軸に仏教を分かりやすく解説。仏教の歴史、宗派の違い、一神教との比較など、基礎知識を網羅できる一冊。

近藤勝重
必ず書ける「3つが基本」の文章術

文章を簡単に書くコツは「3つ」を意識すること。これだけで短時間のうちに他人が唸る内容に仕上げることができる。本書では今すぐ役立つ「3つ」を伝授。名コラムニストがおくる最強文章術！

出口治明
人生を面白くする
本物の教養

教養とは人生を面白くするツールであり、ビジネス社会を生き抜くための最強の武器である。読書・人との出会い・旅・語学・情報収集・思考法等々、ビジネス界きっての教養人が明かす知的生産の全方法。

森博嗣
孤独の価値

人はなぜ孤独を怖れるか。寂しいからだと言うが、結局つながりを求めすぎ「絆の肥満」ではないのか。本当に寂しさは悪か。——もう寂しくない。孤独を無上の発見と歓びに変える画期的人生論。